復刻版

現代知識 教化講習録 第5巻

不二出版

〈復刻にあたって〉

一、復刻にあたっては、高野山大学図書館にご協力いただきました。記して深く感謝申し上げます。

一、本復刻版は、より鮮明な印刷となるよう努めましたが、原本自体の不良によって、印字が不鮮明あるいは判読不可能な箇所があります。

一、資料の中には、人権の視点から見て不適切な語句・表現・論もありますが、歴史的資料の復刻という性質上、そのまま収録しました。ただし、「地方資料」は編者との協議の上、収録しておりません。

（不二出版）

〈第5巻　収録内容〉

『現代知識 教化講習録』執筆者索引

凡例

一、本索引は配列を五十音順とした。
一、旧漢字、異体字はそれぞれ新漢字、正字に改めた。
一、表記は、復刻版巻数―復刻版頁数の順とした。

（編集部）

現代知識

敎化講習錄

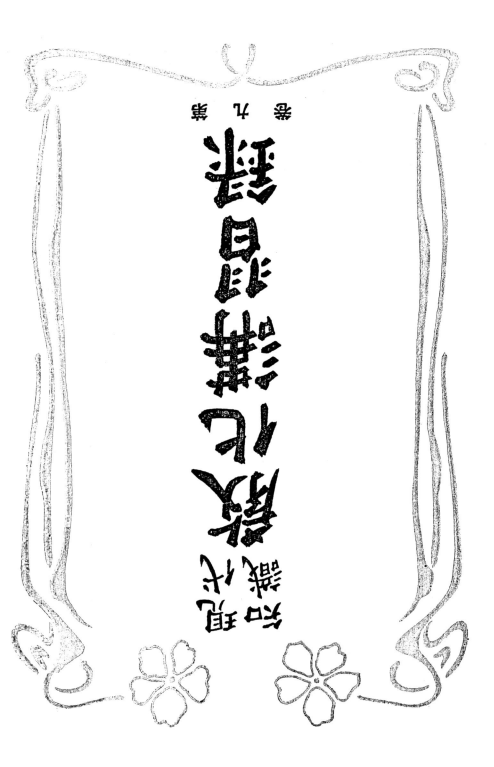

第九卷

現代智識 教化講習録

（第九巻目次）

調和し、取引を圓滑にすること恰かも機械の運轉を滑かにする油、又は貨物を運搬して需要と供給とを調和する汽車汽船の如き働をなすものである。

交易をなすには、又價値を計る尺度がなければ不便である。價値の割合が分らなければ、交易することができぬ。而して此價値の割合を計るものは貨幣であつて、我國の貨幣法が純金二分を以て價格の單位となし、之を壹圓とすと定めたのは此尺度の單位を定めたのである。

債務の支拂をなすに貨物を以てすることは不便なる場合が多い。例へば賃銀を支拂ふに本を以てし、机を以てせば、勞働者に取りて不用のこと多かるべきも、貨幣は一般人の所望する物であるから、賃銀として受取りたる人は、己が望む樣に自在に之を使用することができるから頗る便利である。

價値を保存するに米麥其他の貨物を以てすれば、或は價値の變動甚しく、或は毀損の憂多く、或は容量大なる等の不利不便少なからざるべきも、此等の貨物を賣り貨幣に替へて貯藏すれば價値を保存するに至極重寶である。

貨幣を造る材料の備ふべき性質を擧ぐれば

(一)價値高きこと、(二)取扱に便利なること、(三)毀損の憂なきこと、(四)品質の一様なること、(五)分割し得べく且つ分割しても價値に變動なきこと、(六)價値に變動なきこと、(七)識別し易きこと、(八)製造し易きこと。

の八つである。以上の性質を備へ、現今文明諸國の共に採用せる材料は金、銀、銅、ニッケルであつて、就中金銀は高價なるばかりでなく、一種獨特の光澤と音響とを有し、金は其比重一九、三であつて、王水(酸類)の外溶解することなく、銀は其比重一〇、五にして强硝酸に溶解し、之を日光に曝せば黑色に變ずるから、鑑識頗る便利なる無二の材料と云ふべきである。

製造法の幼稚なる時代には、金屬を火にて鎔解し、之を鑄型の内に流し込みて作りたるものであるが、今日は金なれ銀なれ二箇の廻轉せる鋼鐵棒の間に挾みて、適宜の厚さに延べ、其板を貨幣大に打拔き、貨幣模樣の刻みある上下二枚の鋼鐵板にて打ち、千萬一度に形を附ける仕組である。

我國にては無手數料にて貨幣の製造を依賴することができる。何人にても品位一千分中八百九十八以上にして其含有物の性質造幣に障害なき地金(但銅以外の含有物

(は千分の十以内に限る)一百匁以上を造幣局に持ち行きて製造を請へば、之が目方を秤量して預り證書を交付する。而して造幣局にては此地金の品位及性質を試驗したる後勘定書に試驗表を添へて依賴人に送付するから、依賴人に於て異議なきときは預り證書を提出して貨幣拂渡證書を請求し(若し異議あるときは其旨を申告すべきもので三日以内にある。)其證書引替にて日本銀行本店又は大阪同行支店にて貨幣を受取るべき手順である。

貨幣の流通を支配する力に三つある。

第一法律。法律は貨幣の流通を支配する一大勢力であつて、補助貨幣が其實價少なきにも拘はらず、本位貨と竝び行はるゝは全く法律の力である。單に補助貨のみならず、毫も値打なき不換紙幣が流通するのも其原因は法律の力である。政府の信用厚く且つ其發行高を制限するに於ては此種の物をもよく流通せしむることができる。

第二習慣。人が貨幣を受取るのは、他人も亦異議なく其貨幣を受取ることを信ずるが爲にして、授受の際、些少の量目品位の差までも一々改めて取捨するものでない。たゞ外樣に見覺えさへあれば、輾轉流通して滯ることとなければども、見馴れざる新貨幣はたとひ其實價多くとも、人皆な之を危みて、受取ることを嫌ふが故に、其流通容易でない。寛永年間に鑄造せられたる寛永通寶が、寛文八年及其後慶同じ形にて鑄造せられたるは、其流通を滑かならしむる手段に過ぎぬ。

第三、グレシャムの法則。此法則は一口に述ぶれば「惡貨は良貨を追出す」と云ふことになる。さて此事實は夙に希臘の哲學者アリストファネス氏(紀元前四四四年より三八〇年頃の人)が亞典に於て認めたるところであるが、之に完全なる説明を與へたるは英國の富商サー、トーマス、グレシャム氏(一五一九年に生れ一五七九年に死す)であるから、マクレオット氏が其名に因みてグレシャムの法則と命名したのである。我國にても新井白石が「折たく柴の記」に之と同じ事を述べてをる。

さて何故に惡貨は良貨を驅逐するやと云ふに前にも述べたる如く、一般普通の人々は多く其輕重品位に左程頓著せず、啻だ習慣によりて貨幣を授受すれども、兩替屋、地金商、銀行業者はよく其良否を識別し、良き物は之を引上げ、或は鑄潰し或は輸出して利益をはかる。素人中にても、目の利く者は惡しき貨幣のみを債務の仕拂に充て、良き物は地金屋に賣却するから、良貨は忽ち其跡を絕ち、惡貨獨り流通することゝなる。

我國開港の當時、金貨の海外に流出して止まざりしは全く銀は四分にて僅に五志四片なりしに、小判は十八志五片の價を有してをつたからである。然れども以上は唯だ良惡數種の貨幣を無制限に發行するときにのみ起る現象であつて、惡貨と雖も其流通高を制限すれば、良貨を悉く追出すこと能はざるは明白であつて、是れ、本位貨の補助貨と並び行はるゝ所以である。

第六講　不換紙幣及兌換券

紙幣は貨幣の代用物として、賣買取引の媒介をなす證券である。其手形と異なる點を擧ぐれば、手形は取引上に於ける權利義務の關係を表はす爲に用ゐられ、流通は其主なる目的ではないが、紙幣は通貨として流通する目的を持つてをる。抑紙幣の經濟上に於ける利益は、携帶に便にして、貨幣の製造費及磨滅より生ずる損失を節約し、發行者が正貨準備なしに發行する額丈の利息を、資金無しに儲くることを得る等一々枚擧するに遑がない。而して發行者が是に對して正貨と引換の義務を負はざるものを不換紙幣と云ひ、引換の義務を負ふものを兌換券と云ふ。

第一、不換紙幣。不換紙幣は、戰爭革命等の如き不意に莫大なる費用を要する事件起れるに、政府が差當り資金を得るの途なき節、新に發行するか、又は銀行の引換準備金を借り上げ、一時紙幣の兌換を差止むるか、或は兌換券を發行する銀行が、危急存亡の災厄に遭遇せし時、一時引換を停止するより現はるゝ紙幣である。而して其價値は發行者に對する信用と、發行高とによつて定まるものであつて、發行者に對する信用薄ければ、發行高如何程少なきも價値下落し、發行高多ければ發行者に對する信用如何に厚きも、紙幣の價値下落せざるを得ぬ。古來此等の兩原因によりて、紙幣の下落したる例は枚擧するに遑がない。明治十年西南の役の征討費として發行したる巨額の不換紙幣が忽ち下落して十四年の三月には、正貨に九割三分の打歩を生じたのは、其好適例である。現下獨逸に於て紙幣が暴落してをるのも其原因は全く同一である。

第二、兌換券。兌換券とは發行者が、請求次第何時にても、正貨と引換ふる義務を負ふ處の紙弊である。我國の兌換券制度は現今最進歩したるものであつて明治十七年の制定に係る。今之を圖解すれば次の通りである。

- 兌換券發行總高
  - 正貨準備（但四分の一までは銀貨及銀塊たることを得）
  - 保證準備（但年千分の十二半の發行税を上納する）
  - 發行餘力
    - 制限外（但五分以上の發行税を上納する）

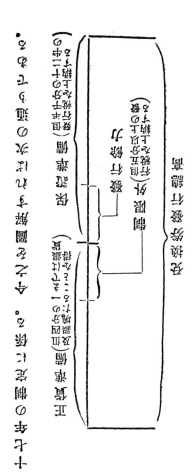

借平日は保證準備金額を一億二千萬圓に限定し、其額を超過する分には悉く正貨準備を必要とすれど、金融逼迫し、金利騰貴し、通貨に對する需要增加すれば、制限額を超えて保證準備を增加し、無正貨準備にて紙幣を發行することを許し、其超過額には增發を防ぐ爲に年五分以上の税金を上納せしむる。蓋此發行税は或は六分と定め、或は七分と定め、時の經濟界の事情により大藏大臣が任意に極めることができる。一割二分に騰貴せる市場利率を九分位に引上げやうとすれば、發行税を七分位に定めて置けば、制限外の發行額增加すると共に、市場利率は次第に下り、

九分位迄來て制限外の發行が止む。何となれば九分の利率にて貸付け其内より七分の税金を上納すれば、殘は僅に二分となり、漸く手數料を償ふのみにて、少しも利益がないから、それ以上發行することを中止する。又市場利率を八分位迄引下げやうとすれば税率を六分位に定めて置けばよい譯で、税金を拂つても手數料の殘る位迄は制限外の發行が繼續されるが、其限度を超えては發行されぬ。是に反して資金に對する需要が減少し、金融が緩慢になれば、兌換券が日本銀行に還つて保證準備が引出され、一億二千萬圓までは保證準備にて發行することを許されてをるけれども、其制限額に達せぬことがある。而して其餘裕額を稱して發行餘力と名づける。畢竟金融逼迫して金利が高くなれば制限外が現はれて金利は下り、金融緩慢にして金利が安ければ發行餘力が生ずる。即ち市場金利の高低により て或は制限外が現はれ、發行餘力を生じ、兌換券發行總高を增減して金融を調節することになつて居る。日本銀行は一億二千萬圓の制限額迄は、保證準備にて發行せる兌換券の每一箇月の平均發行高に對し、其發行税として、一箇年千分の十二半の割合に納税すべき義務がある。但政府の特命により一箇年千分の十若くは其以内の利息又は無利息にて、政府又は他へ貸付たる兌換券に對しては、其納税の義務を免るゝ定である。

序に物價と正貨準備との關係に付て一言してみやう。若し我國の物價が世界物價の平準額より高ければ輸入超過となり、正貨流出して兌換券發行總高は減少し、是に反して我國の物價が安ければ輸出超過となりて正金流入し、正貨準備の増加と共に、兌換券發行總高は増加し、其結果、物價が或は上り或は下りて世界の平準線に歸着すれば、輸出入相平均して正貨の移動が止むのである。之を名づけて貿易自然の状態と云ふ。

第七講　價　格

價格は通常之を代價と云ひ其騰落は全く需要と供給との關係に因るものである。卽ち

(一)需要が増加すれば價格は騰貴し、減少すれば價格は下落する。

(二)供給が増加すれば價格は下落し、減少すれば價格は騰貴する。

(三)需要の增減供給の增減と等しきときは、價格に變動なく、需要の增減供給の增減より大なるときは(一)の場合に同じく、供給の增減需要の增減より大なるときは(二)の場合に同じい。

(四)需要供給は價格を定むる原因であるが、價格も亦需要供給を支配する力がある。

價格は需要と供給との關係に支配せらるゝとの說は、つまり此事實を指すのであるが、需要も供給も亦各其內容を構成する四箇づゝの因子を有つてをる。卽ち需要は(一)購買希望者の數(二)其希望する財の分量(三)財に對する買手の主觀的評價(四)代價物件(卽ち貨幣)に對する買手の主觀的評價の四原因に支配せられ、前三原因の大小に正比し、第四の原因の高低に反比して變動するものである。而して又供給も(一)販賣希望者の數(二)其販賣せんとする財の分量(三)賣手の其財に對する主觀的評價(四)代價物件に對する賣手の主觀的評價の四原因に支配せられ、第一、第二、第四原因の大小に正比し、第三原因の高低に反比するのである。

右八箇の原因が需要と供給とに變動を起し、價格の高低を生ずるのであるが、其

表面に現はれたるところより云へば、貨物の購買資料と貨物の販賣數量とにより
て、價格が定ることも解することが出來る。

第一貨物の購買資料。

(い)貨幣。貨幣は貨物に對する權利であつて、常に之を需めやうとする特性を持つてをる。貨幣に若し此性質がなければ、交貿の媒介をなすことが出來ぬから、最早や貨幣てふ名稱は附けられぬ。故に市場に流通する貨幣は皆な貨物を需むるものと見て差支はない。さて今茲に甲乙二人ありて、各二十圓金貨一箇づゝを有すれども、何れも食料に缺乏せる場合に、幸にして丙に剩餘米二俵ありとせば、甲乙共に其所持せる金貨を投じて、一俵づゝを買取るであらう。されば米の相場は二十圓であつて二俵に對する四十圓の働から生じたのである。然し甲は其所持金二十圓を渡して丙より米一俵を買取りたるに、丙は直ちに其受取りたる金貨を賃銀として乙に支拂ふた。然るに乙も亦糧米に缺乏し、賃銀として受取りたる金にて、丙の所持せる殘の一俵を買取りたりとせば、此場合にも矢張り米の相場は等しく二十圓なれども、此度は二俵に對する二十圓卽ち前例に於ける金額の半分の働

より顯はれたる相違がある。是に由て之を觀れば、貨幣が再び他人の手に渡れば其働二倍となること明かであつて、三回四回と手を經るに從ひ、其効果も亦三倍四倍に增加すること云ふまでもない。されば貨物に對する購買資料の働は單に貨幣の數量のみにあらずして、其數量に人手より人手に渡る流通の速度を乘じたるものであることが分かる。

(ろ)信用。前例の場合に於て、若し甲が米代としし二十圓の約束手形を丙に渡し、乙は賃銀として其手形を丙より受取り、之を以て又米を買入れたりとすれば、毫も貨幣を用ゐずして、よく米に對する需要を起し、二十圓の相場を維持することができる。さすれば、貨物の購買資料は唯貨幣の總量に流通の速度を乘じたるものより生ずるに止まらず、信用も亦よく貨物を購買する力があることが分かる。熟實際今日の實業社會を見渡すに、信用の物價上に及ぼす影響は、優に貨幣の數十倍に當つてをる。信用の力も亦大なりと云ふべきである。

(は)購買資料としての貨物。貨幣の効用を知らざる往古草昧の時代に在ては、物々交換は日常普通の取引であつたが、貨幣使用の範圍廣まるにつれて、大に其領域を饜食せられたが、猶ほ幾分か殘つてをる。彼の海邊の漁夫が農家を訪ひ、魚類と穀物とを取換ふるが如きは其好適例である。去れば貨物も亦よく他の貨物の購買資料となるものであるから、實物交換の作用は信用取引と同じく貨幣の用を省くことが分かる。

第二、貨物の販賣數量。以上は專ら貨物に對する種々の購買資料を列記したれど、貨物の販賣數量は全く之に異なり貨物の總量に賣買度數を乘じたるものに外ならぬ。今甲乙各一俵の剩餘米を有し、丙丁各二十圓の金貨を有するとし、甲は丙に乙は丁に夫々一俵を二十圓にて賣渡したりとせんか、全體より見れば、二俵の米は四十圓の金額と相對して、二十圓の相場を生じたれども、甲は其所有米一俵を仲買人丙に二十圓にて賣渡し、丙は再び其買取りたる米を二十圓にて丁に賣渡したりとすれば、甲の所持したる一俵の米は二度賣買せられた結果として、丙丁の所有したる金額の合計四十圓に對し、四十圓の相場を生ぜずして僅に二十圓卽ち二俵が四十圓に對するときと同じ相場を生ずるに過ぎぬ。去れば賣買度數重なれば其結果は恰も貨物の數量の殖えたるに等しく、其割合に貨幣が增加するにあらざれば、物價は下落するものである。

以上論ずるところによりて之を觀れば一般物價は

$$\text{一般物價}=\frac{\text{貨幣の總量}\times\text{流通の速度}+\text{信用}+\text{購買資料たる貨物}\cdots\cdots(\text{貨物の購買資料})}{\text{貨物の總量}\times\text{賣買度數}\cdots\cdots(\text{貨物の販賣數量})}$$

なる式によりて定まることが明かである。即ち分子中にて、貨幣の總量か、又は其流通の速度か、或は信用か、又は貨物の購買資料たる貨物が殖えれば物價は上がり減ずれば下がり、分母中にて、貨物の總量か、又は其賣買度數が増せば、物價は下がり、減ずれば上がる。是れ吾人が日々見るところの物價の大勢である。

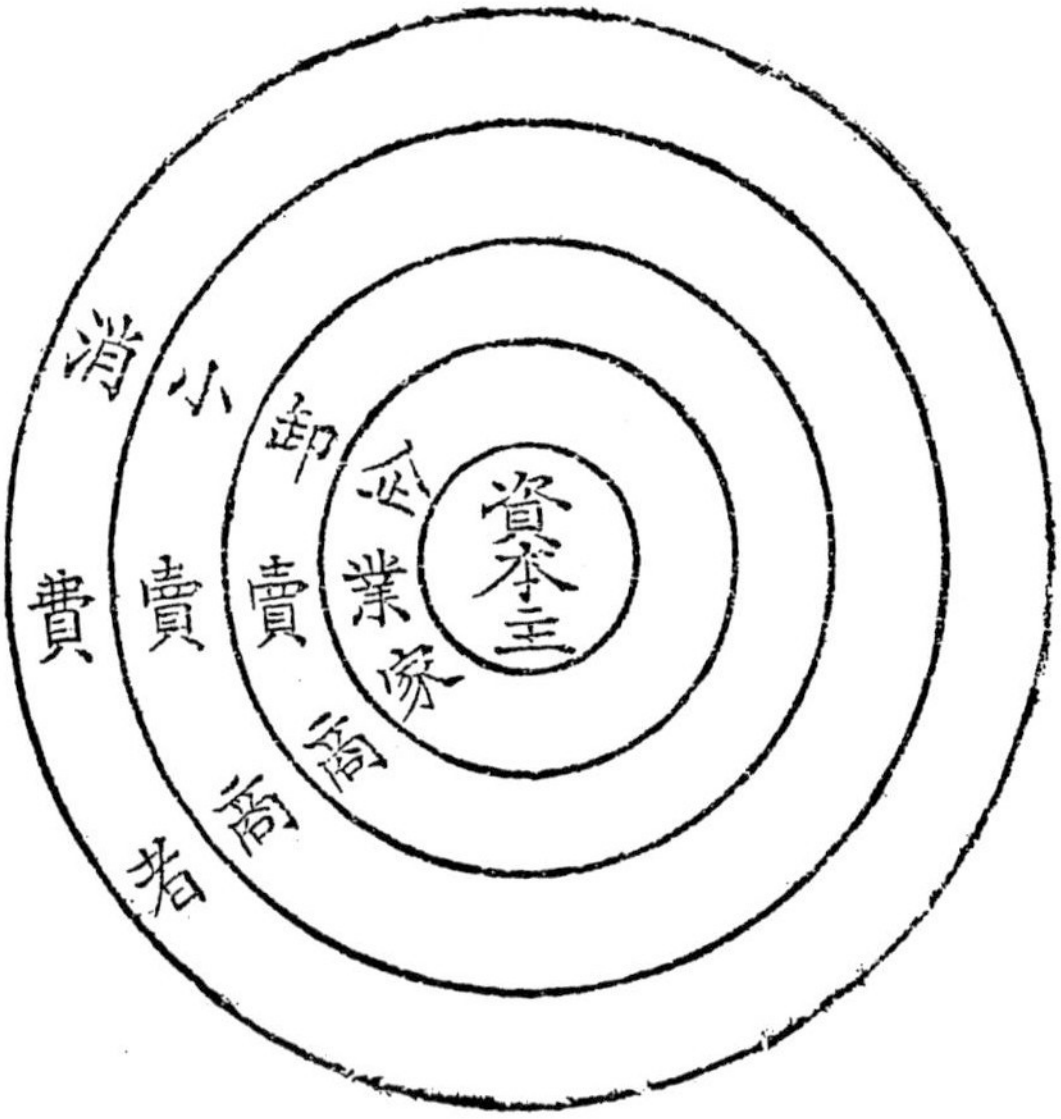

貨幣の流通區域を大別すれば、圖に示すがごとく五つとなる。而して國內に於ける貨幣の數量には増減なく

とも、或は消費者の方に少なくして、資本主の方に多きことあり、或は資本主の方に少くして消費者の方に多きことありて、其分布時々一方に偏することがある。而して其分布の密度が平均する迄には可なりの時日を要するものである。前の場合に於ては、消費者の使用すべき全製品の價は下落すれども、資本家中には遊金多く、金利が安いから、運を天に任せて事業を起す者頗はれ、從つて粗製品の價は左程下落せぬ。去れど後の場合に於ては、全製品の價は騰貴すれども、資金缺乏の結果、金利は騰貴し、粗製品の價は割合に騰貴するものでない。是れ日清戰爭後に起りたる現象であつて政府は軍事費として、國内の生産資金を搾り上げたるのみでなく、巨額の償金を取寄せて蒔散らしたる爲、人民の懷暖まりたる結果として奢侈の性質を帶ぶる砂糖、懷中時計等の輸入增加し、騰貴の勢は漸次に奢侈品の上より必要品の上に及びたるに、資本主の側にては、資金缺乏して、金利案外に上がりたることがある。明治三十年頃には補助貨幣著しく減少して小取引に一方ならざる不便を感じたから、大阪地方にては、銀行より小額の預金手形を振出して、一時補助貨幣の代用をなさしめたことがある。實に奇怪なる現象の如くなれども、平常なれば細民等が昨日受取りて今日排出すべき小錢を、金廻りのよくなりたる爲に、十日も十五日も財布の內に貯へ置くより起りたるものであつて、敢て怪むに足らぬ。

大體より云へば、物價の足取は前に述ぶるが如きも、一々細かに精査すれば貨物には各特別なる事情の纏ふものがあつて、其價の上下する有樣も亦一樣でない。去れど一々之を列擧するは素より紙數の許さゞるところであるから、此處には唯其主なるものを概括して述べてみやう。而して特別なる足取中には、外界の事情によりて支配せらるゝものと貨物其物の性質より起るものとの別がある。

第一外界の事情によりて支配せらるゝもの。

(い)法律の影響を受くるもの。總て獨占の性質を帶ぶる營業を個人の獨斷に放任すれば、社會一般の利益を犧牲に供して、私利を營む恐があるから、此場合には法律を制定して其獨占權の亂用を制限する必要がある。斯くの如き制限の下にある鐵道運賃、郵便稅、電報料などは、旅客又は通信者の增加に乘じて、漫りに其價を引揚ぐることはできぬ。又專賣特許權を得たる物品の價は、自然特許權者に最大利益を生ずる點に於て定まるが常である、例へば製造費八圓を要する特許品を、百箇作れば、其賣揚代價千圓にて二百圓の利益を得、二百箇を作れば代價千九百圓にて

甘酸鹹苦に各別の反應を現はすものである。例へば、舌端に酸を付けると酸い表情をなし、苦い物を舌根に付けると苦い表情をする。故に是は先天的の反應作用で、經驗にはよらぬものであらう。

(五)皮膚覺。皮膚覺は初生兒にも著しく現はれる。兒童が胎內にある頃は、三十七度の體温の內にゐたので、常態にあつては温度の變化がない。然るに生れると體温よりも低い所の大氣に觸れるので、寒さを感ずる。加之、種々異つた冷たい物が皮膚を刺戟するので、兒童は益々皮膚覺を練習するのである。

(六)有機感覺。以上特殊感覺の外、呼吸、筋肉、消化器等から來る種々の有機感覺が初生兒に於て盛に發生してくる。初生兒の出生直後に營む第一呼吸に伴ふ叫びは、多くは有機感覺に伴ふのである。初生兒の產聲に就いては、哲學者が色々な說をなしてゐる。或は祝聲を揚げるのであらうといひ、又カント氏の如きは、斯る墮落した世界に生れたのを怒つて泣くのであらうというてゐる。併し是等は詩的想像に過ぎないので、其の實は、空氣が肺臟に流入して刺戟する爲に生ずる器機的のものである。

(七)表情。一般に人間に於ては、快感に伴ふ表情よりも、不快又は苦痛に伴ふ表情の方が先に現れる。是は個體維持の爲に生ずる自然の妙用である。卽ち嬰兒の際には、其の苦痛に當りて之を父母其他に訴ふる表情を有しないならば、個體の存續に危險を來す場合がある。併し快感は別に個體に危險ある場合の表示方法ではないのであるから、必しも早くから發達する必要はない譯である。されば啼泣、苦痛の顏面表出、手足を動すこと等の表情は、快感の表情よりも早く現れる。

嬰兒の身體。出生から三歲までを嬰兒期と稱する。此の三年間に於ける身體發育の大體を述べてみよう。今ストラッツ氏の硏究に據れば、出生から一年の間は、兒童の身長卽ち縱の發育も、身幅卽ち橫の方面、換言すれば體量の發育も平均を保ちながら而も急速に發育する。故に此の時期を平衡期といふ。此の間は、人生の第一危機であつて、出生兒童の約二〇%もの死亡率を示す時である。然るに漸く長じて二乃至四歲に至れば、第一充實期にはひるので、身幅は身長に勝つて發育するやうになる。而して更に幼兒前期にはひつて四乃至七歲に至れば、其の反對に、身長の增加は身幅の發育に勝つてくる。此の時期をストラッツ氏は第一伸長期と稱してゐる。故に幼稚園時代の子供は、横よりも縱に伸びる時代にある。茲に充實期とは、卽ち身幅が身長の增加に勝り、體量が增して、子供は横に肥る時期をいふ。又伸長期とは、體量の增育よりも身長の成長の方が急速で、爲に兒童は縱に伸びる時期をいふ。兒童の身體は常に一樣に身長も體量も增加するのではなくて、充實期と伸長期とが交互に現れてくるのである。是を律動成長の法則といふ。尙ほ其の後の充實期及び伸長期に就いては、幼兒や少年に就いて別々に述べるつもりであるから、茲には略する。

嬰兒期は、身體の形態の上に未だ第二次性的特徵の明に表れてゐない時期であるから、男兒の骨盤の形も、女兒のものも、外形上著しい差異はない。第二次性的特徵とは生殖器系統の差異(卽ち第一次性的特徵)を除ける他の男女の身體上の差異をいふのである。

嬰兒期の身體の發育を說くに當つて落してならぬことは、第一充實期に於て乳齒の發生を終ることである。凡そ齒牙の發生は之を二期に區別する。第一生齒期といふのは、乳齒發生の時期であつて、第二生齒期といふのは、永久齒發生の時期をいふのである。 總計二十個の乳齒は次の如き順序をもつて數回に分れて發生する。

第一簇　生後第五—八箇月にして、二個の下顎内門齒が殆ど同時に發生する。

$$\begin{array}{c|c} & \\ \hline a & a \end{array}$$

第二簇　次に四個の上顎門齒が現れる。 即ち第八—十二箇月にして、先づ中央なる二個の内門齒、次で一、二週にして其の左右に位せる二個の外門齒が發生する。

$$\begin{array}{r|l} a'a & aa' \\ \hline a & a \end{array}$$

第三簇　次に四個の第一小臼齒及び二個の下顎外門齒が現れる。 即ち第十二—十六箇月にして、先づ二個の下顎外門齒が發生し、次に二個の上顎第一小臼齒、最後に二個の下顎第一小臼齒が發生する。

$$\begin{array}{r|l} c\ a'a & aa'\ c \\ \hline c\ a'a & aa'\ c \end{array}$$

第四簇　次に上下の犬齒が現れる。 即ち第十八—二十四箇月の間に於て、二—三箇月の經過の間に發生する。

$$\begin{array}{r|l} cba'a & aa'bc \\ \hline cba'a & aa'bc \end{array}$$

第五簇　次に四個の第二小臼齒が現れる。 即ち生後第二十四—三十箇月に、是等四個の第二小臼齒の發生をもつて、第一生齒期は其の終を告げるのである。

$$\frac{c'cba'a \mid aa'bcc'}{c'cba'a \mid aa'bcc'}$$

此の齒牙發生の順序は上記の表式を以て見ると最も明瞭である。尙ほ哺乳期の小兒の齒數(概數)を知るには次の算式に據るが便利である。

m＝m－6. 但しTは齒數、Mは生後月數。

第二生齒期は、第一生齒期の後數年を經て現れる。即ち五―七歲間に永久齒に屬する四個の第一大臼齒の發生をもつて始まり、乳齒は多くは其の發生した順次を逐うて脫落し、永久齒それに代る。八歲には內門齒四個、九歲には外門齒四個、十歲には第一小臼齒四個、十一―十三歲には犬齒四個、十二―十五歲には第二小臼齒四個、十三―十六歲には第二大臼齒四個、十六―廿六歲には智齒四個(但し智齒は發生しない人もある)の發生を以て完結する。生齒期は何れも兒童の心身に變化を及ぼす故、十分の注意を拂はねばならぬ。

呼吸數は、初生兒にあつては約四〇乃至四五回であるが、長ずるに從つて漸次減じて、生後一年頃までは約二五回、五年頃までは約二一回、其の後十年頃までは約一八回を算し、大人の約二〇乃至一八回なるに比して、五歲頃までの呼吸數は遙に頻數である。

脈搏は、大人の一分時に約七二至なるに比して、頻數にして而も變化し易い。即ち初生兒は約一三六、生後一年間までは約一一八、其の後四年までは約一〇〇、十年までは約八六至を算する。

嬰兒期から幼兒前期にかけては、成長の頗る旺盛な時であるから、隨つて營養を要求すること多大にして、消化系統は此の時代の生活の中心となつて活動する。故に度々空腹を訴へて、一日に四囘も五囘も食べたがるのが普通である。

嬰兒の精神 嬰兒期は、兒童が始めて此の世に生れ出て、これから外界に適應しながら其の生活を完うしてゆかうとするの首途であるから、第一に外界に適應するの手段として、感覺が盛に活動する。感覺は兒童と外界とを結合して其の間に交渉を付するものであつて、兒童の智力生活から見るときは、知識の內容を獲得する所以のものである。而して此の感覺は運動本能の發現と相俟つて其の活動を完うし得るものである。故に此の時期には、一方に感覺が活動して外界の事象を內界に攝り入れると同時に、他方に運動本能が現れて、感覺の活動を助け、兒童の內界の意見を外界に發表し、而して漸次に兒童の自我の範圍を擴張してゆくのである。次に此の時期には、啼泣、笑ひ、歡聲等、感情本能が現れる。併し其等の感情たるや、かの情緒、情操の如く複雜高尙な感情ではなくて、主として單情卽ち單純感情であつて其の中に怒、恐の如く稍や情緒に近い分子のものを含んでゐるに過ぎないのである。又意志の作用たるや、かの執意の如く選擇制止等の複雜な働を有することなく、或る外界の刺戟に接すると直ちに其の方へ向つて運動するといふやうに、殆ど全く衝動的である。

上述の如く、嬰兒期殊に其の初期に於ては、智力生活の基礎として感覺が活動し初め、情意の基礎として運動本能、衝動的の意志及び單情の發現を見る。然るに嬰兒後期になるに從つて筋肉作用が漸く情密になると、言語の使用が自由になつて滿一年から三年の間に於て、兒童自身に不自由のない位、一通り國語を自由に話し得るやうになる。

以下項を逐うて嬰兒期の精神に就いて述べよう。

感覺　此の時期の特色の一は、感覺の活動が旺盛になることである。感覺は前に述べたやうに、出生と同時に各感覺機關が種々の刺戟を受けて、或は其の當時直ちに現れ、或は數日若くは數週の後に現れてくるのであるが、嬰兒前期卽ち生後滿一年の間には、其の活動が次第に盛になつてきて、初は全く受動的であつたものが前期の半過ぎからは能く發動的に總ての感覺機關が働くやうになつて來るのである。併し此の時期にあつては、感覺機關は未だ十分に發達してゐず、種々不備な點がある。例へば視覺にあつては、色覺が未だ十分でない。又視覺と筋覺との聯合が十分でないのと、一般に精神作用が發達してゐない爲に、距離の感覺外界を認識する作用が不十分である。故に感覺の活動は、生後一年に於て漸次盛となるが是が完全に働くやうになるのは尙ほ後のことである。隨つて兒童の生後一年間に於ける父母や保姆の注意は、感覺機關を害せぬやうに十分に保護を與へて、其の完成を期すべきである。

感情　嬰兒期に現れる所の感情は、殆ど全く本能的である。卽ち初生兒に於ては、先づ啼泣が出生と同時に現れる。但し產聲は、前にも述べたやうに、空氣が出生と共に肺に流入するために、器械的、生理的に起るものであるから、直ちに之を以て感情の表出とすることは出來ぬ。併し其の後に現れる眞の啼泣は、空腹、苦痛、退屈等主として不快の發表であると共に、自己の存在を知らせる爲のものである。それが年齡の進むに從つて怒の情などに伴ふやうになる。

笑は啼泣よりも後れて現れる。其の理由は、前述の如く、生物體の保存上、苦痛は危險を表すものであるから早く既に現れ、愉快は危害を意味しない所から後れて現れるので、それ〳〵自然の必要に應じて、或は早く、或は後れて現れるのである。

初生兒に於ける最初の笑は、生後一、二週にして睡眠の際などに顏面表出として現れる。併し是は未だ愉快な感情の表出ではなくて、中樞よりの刺戟に因る顏面筋の器械的運動に過ぎぬ。それが生後四十乃至五十日に至れば、柔和の情の表れとして笑が起る。此の如く此の期に於ける笑は、器械的のもの及び柔和の情に因るものの二種であつて、憤怒・滑稽・悲哀などに因つて起る所の笑は、少年又は青年以上でなければ見ることが出來ぬ。嬰兒に於ては笑と共に歡聲を擧げ、若くは歡聲と同時に四肢を運動させて快感を表出するものである。而して歡聲の極めて緩かなのを俗に「語る」といふ。

次に嬰兒に於ては、複雜な情緒としてではなく、本能的のものとして、恐れ・怒りの情が現れてゐる。是は眞の意味の情緒ではなくて、單情と情緒との中間に位するやうな漠然たるものである。

運動　生後一年の間に於て嬰兒に限れる所の運動は、實に複雜多様であつて、將來統一された所の運動の各要素は、殆どすべて此の時期に現れ初めるのである。かくの如く此の時期の運動本能の發現は多様であるけれども、其の主なるものは手に握ること、口に致すこと、及び歩くことの三種に屬するものである。即ち「手に握ること」に屬する主なる運動は把持である。次に「口に致すこと」に屬するものには致口、吸吮、嚙咬がある。最後に「歩くこと」に屬する運動としては、立頭、坐居、匍匐、起立歩行がある。是等の運動は、精神の發達と密接に關してゐるのである。例へば歩行の如きも、初は寢ながら頭を立てようとしてゐるが、次に頭を保持して坐居するやうになり、やがて匍匐したり、起立したりして、滿一年を中心とする前後の頃になると、遂に歩行し得るやうになるのであるが、其の玆に至るまでには、頗る複雜な筋肉の調節及び聯合運動を要するものであつて、腦の中樞が十分發育してきて、總ての聯合作用の出來るやうになるのと相伴うてゐるのである。通常步行は生後十箇月前後から滿一年前後までの間に出來るやうになるのであるが、發育の遲れた兒童にあつては、生後二乃至三歲に至つて纔かに步行を始めるのがある。是等は何等かの障碍あるものである。

言語　嬰兒期に於ては、中樞と言語機關との發育するに從つて、彼等の生活に不自由を感じないやう一通りの言語を使用し得るに至る。さて兒童の言語の發達は大凡之を五期に別つことが出來る。第一期は原育期と稱して、生後六七週頃の言語發達時期をいふ。此の時期の言語は、ア・イ・エ・オといふやうな單音を發聲するのみで、別に何等の意味をも有しないのであつて、其の初は、肺から器械的に呼出される所の空氣が、自然に聲帶を振動させて發する一の音に過ぎないのである。然るに是は速かに感情と相伴ふに至り、音其者に意味はなくとも、其の感情は次第に意味を有するやうになつてくる。かくて生後八箇月頃から一年の末頃に至る間には、前期のやうな發育が種々に連續して節音をなすやうになる。卽ち前期のは、ア・イ・エ・オ・ブ・バ・マのやうな單音であつたのが、此の時期には、ダッダア、バッバアといふやうに、數音連續した節音が出るやうになる。此の時期を聲音期といふ。次に生後二年目位になると兒童は猫の聲を摸擬してニャー〳〵といひ、犬の聲を模擬してワン〳〵といふやうに擬似語を以て事物を代表させるやうになる。此の時期を語音期といふ。これ明かに外界の模倣に因るものである。然るに或人が子供に向つて、ニャー〳〵と子供の聲音を摸倣しながら實物の猫を指して見せると、兒童は何時の間にかニャー〳〵といふ聲音と猫とを結びつけて、玆に其の發音に內容を有するやうになる。此の時期を言語期と稱し、兒童は始めて玆に形式內容共に比較的完全な言語を獲得するのである。是より觀るときは、言語の聲音を最初に作るものは兒童であつて、其の聲音を眞似て兒童をして聲音と實物とを結合して言語に內容あらしめるものは成人である。以上第三及び第四期は、之を合して一期と看做す學者もある。最後に第五期を文章期と稱し、兒童は滿三年頃までには、二個以上の品詞を以て章句とする所の言語即ち單句を用ゐることが出來るやうになる。「犬ガ走ツテヰル」「魚ガ泳イデヰル」などと言ふことの出來るのは、此の時期にはひつてからである。

第三節　幼兒前期

幼兒前期の身體　幼兒前期即ち三年から七年に至る間に兒童の身體に現れる變化は、種々注意すべきことがあるが、大體より見れば、此時代はストラッツ氏の所謂第一伸長期に入る時である。前の期は第一充實期であつて、兒童が橫に肥る方が盛で、縱に伸びる方は之に伴はなかつたのであるが、幼兒期にはひるに從ひ、次第に伸びる方が盛になつてくる。幼稚園の時期の兒童は、初めはまだ肥えてゐるが三年の保育を終つて小學校に行くやうになると、入園の時とは餘ほど違つて、身長の伸びて來た狀態を認めることが多い。又此の時代に特に注意すべきことは、乳齒が脫落して永久齒に生え變ることである。總て齒の生える時と齒の拔ける時とは、身心に種々の變化を來すものである。乳齒の發生に際しては、熱を發してむづかることが多いが、又其の脫落に當つては、消化不良等を來して、爲に兒童は非常に氣むづかしくなり、怒つたり、泣いたりするやうな場合も多い、通常は、唯親の適當な注意によつて害を殘さずに過ぎるが、是等の現れが强いやうであるならば、專門の醫師に診せる必要がある。齒列の惡いこと或は生齒の異常は兒童の精神作用と關係がある。低格兒其の他の異常兒の徵候として齒列不整を算へる程である。其の他内臟機關に於ても此の時には多少の變化を生じて來るが、總て生理、病理に亘ることは專門の研究に委せて、今は唯以上の事を述べて一般の注意を求めるに止めて置く。

幼兒前期の精神　幼兒前期に於ては、嬰兒期に於て活動を始めた所の感覺が、其の三年間に獲得した所の經驗を基礎として、一層盛に働くやうになる。而して今まで味覺、嗅覺の如き、智力の發達にそれ程まで密接の關係を有しない所の劣等感覺が働いてゐたのが、今度は視覺、聽覺の如き、智力と直接關係を有する所の高等感覺、及び意志作用と密接の關係を有する所の皮膚覺、筋覺などが主として活動するやうになる。隨つて感情の如きも、是等感覺の階級に屬するものが主として働くのである。卽ち情緖、情操などは未だ現れないで、快苦の感覺と直接に關係してゐる所の單情が認められるだけである。然るに幼兒前期の後半になると、斯る感情は次第に情緖の方へ移行して、喜怒・哀樂・愛惡などが現れてくる。意志作用も亦頗る感覺的であつて此の期の初は嬰兒期と同樣殆ど全く衝動的である。故に外物の刺戟に接すれば、何等考慮をめぐらすことなく直ちに其の方に向つて運動する。併し後になると次第に一定の目的觀念が出來て、自分の欲する物の方へ運動を起すやうになる。これ稍や有意的となつた證據である。けれども未だ感覺的刺戟に動かされ易いのは爭はれぬ事實である。

以下項を逐うて嬰兒前期の精神特質を述べよう。

自發活動　自發活動とは、特に外界よりの刺戟なく又思慮考案を待たずして起つてくる所の活動性であつて、嬰兒の時から現れるが、此の時期に至つて總ての活動が自發的性質を帶びてくるのである。縱令外界の刺戟に應じて起る運動であつても、此の時のものは自發的性質をもつてゐる。卽ち此の時の兒童は、張り詰めた弓の如く、僅の刺戟を受けても直ちに跳返へるといふやうな狀態にある。此の活動の內には、比較的精神作用と關係少く殆ど全く生理的、器械的のものもあるが又其の中に後來種々の方面に發達してゆくべき精神作用を包含したものも多いのである。此の複雜に多く現れて來る自發活動を認めて之を敎育に應用したのはフレーベル氏である。フレーベル氏は此の年配の兒童が學校に行かず道端や公園其外で種々の事をなし自由自在に自己の活動性を現してゐる狀態を見て、其の中には間接に兒童に惡い習慣を與へるやうなこともあり、又直接に惡い刺戟を爲してゐることもあるので、是等の貴重な活動を適當に導いて、兒童をして喜んで遊ばせながら敎養したならば、最も有益であらうといふことに氣がついて、遂に幼稚園の組織を作るに至つたのである。故に氏の主義とする所は、兒童に何事かを敎へ込まうとか、或は兒童をして必ず自分の立てた主義方針に從へてゆかうとかいふことではなくて、寧ろ兒童の自然として現はれてくる所の自發活動を選擇し、其の天性を其のまゝに發達させつゝ、それが將來其の兒童の社會に活動して行く上に有益になるやうに組織したのである。故にフレーベル氏の主義は、敎育上の自然主義である。卽ち兒童の天性に從つて其の精神を培ひ育てゝ行かうといふのである。斯くフレーベル氏の爲した事業は誠に良き事であつて、將來文明の進み敎育の進むに隨つて、其の精神は益々發揮されてゆくまであらうが、其の方法は永久に絕對に良きものとは認められない。今日は其の時代よりも生理學、心理學

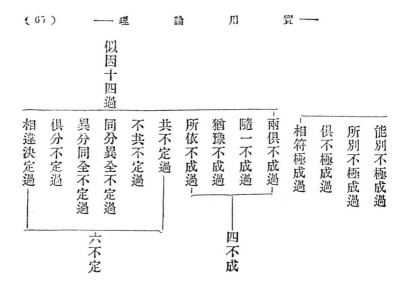

- 能別不極成過
- 所別不極成過
- 俱不極成過
- 相符極成過

似因十四過

- 四不成
  - 兩俱不成過
  - 隨一不成過
  - 猶豫不成過
  - 所依不成過
- 六不定
  - 共不定過
  - 不共不定過
  - 同分異全不定過
  - 異分同全不定過
  - 俱分不定過
  - 相違決定過

- 四相違
  - 法自相相違因過
  - 法差別相違因過
  - 有法自相相違因過
  - 有法差別相違因過

似喩十過

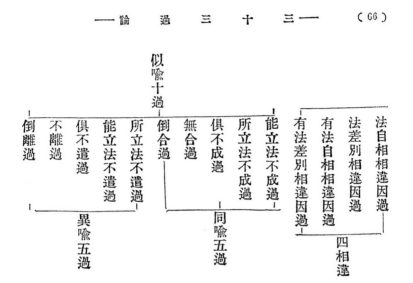

- 同喩五過
  - 能立法不成過
  - 所立法不成過
  - 俱不成過
  - 無合過
  - 倒合過
- 異喩五過
  - 所立法不遣過
  - 能立法不遣過
  - 俱不遣過
  - 不離過
  - 倒離過

此の三十三過の中で、第一が宗に關する過失であつて、これに九過ある。先づ

第一、現量相違過

である。現量は、現見の事實をいふので、宗に主張して居ることが、現に事實と相違して居れば此の宗の無法であることは言ふまでもない。

第二、比量相違過

これは、推論上あり得べからざる宗を押し立てることで、比量とは、對比推究する意味である。

私は百二十五歳まで活きる、そういふ信念があるからなどゝいふ宗は、どうしても比量相違である。必ず活きるといふ信念さへあれば、生きられるもんだといふ推論は、到底あり得べからざる推論である。但しこゝで比量といふのは、詳に言へば單に推論といふよりも、推論智といふ方がよい。推論の形式ではなくて、推論の智識が到底認められない宗である。それであるから、此の比量は、立論者の方の比量智であるか、證敵者の方の比量智であるかといふと、因明の目的として、悟他、即ち證敵者の領會を得るのが主であるから、證敵者の智識が

之を認めない、「そんな理窟はない」と考へれば、始めて比量相違が成立するわけであるから、當然此の比量相違といふのは、證敵者の比量智に相違することでなければならない。次ぎに、

第三、世間相違

である。世間相違といふことは常識相違といふことで、一般常識で認めて居ることは、大體に於て承認すべしといふ考へから、此の一過が出來上つて居るのである。然し此の常識といふものは、其の程度が極めて曖昧のものであるから、これは絕對に依憑とすべきものではない。一般常識が如何に「斯う」と言つたからとて、新智識の進步に伴つて、常識の信念は破れて行く。それでも常識に服從して行かなければばならないといふ理由は無論ない。であるからこの世間相違といふものは絕對的のものではない、大體に於ていふのであつて、若し常識に違つた立量をしやうと思ふならば、特に常識では斯う考へて居るが、然し今日の學者の硏究によれば斯うだといふ樣に、常識を信じないといふ特別の注意をして、其の宗を押し立てれば、世間相違にはならないと評するのである。斯く特別の注意をする言語を簡別の語

といふのである。　昔時は、世界は平坦なものだと思つて居た、これが其の當時の常識である。　今日科學研究の結果によれば、大地は圓いといふ。　此の場合には、

現今の科學研究の結果によれば(箇別)大地は球形なり

といふ風に言へば、此の宗には、世間相違の過失はないといふことになるのである。勿論今日では、地球は圓いといふ方が、一般常識になつて居るから、今ならばこんなことは入らないのであるけれども……。

今日普通の人は、一切の物質は分子(パーテクル)の集合より成る、分子は原子(アトーム)の集合より成ると教へられて居る。　そうして分子も原子も、言はゞ粒の小さいものだ位に思つて居る。　ところが最近の研究によると、其の原子は電子(エレキトロン)の集合から成つて居るもので其の電子は始終非常の速力で回轉して居るものであるといふ。　物によつて回轉の速力に遲速の相違はあるが、其の最も迅速なものになると、一秒時間に、六萬哩の速力で回轉して居るもので、普通に考へてる樣に、物質は、ぢつとしてるものではない、不斷に動いて居るものなのであると說いて居る。

最近科學の說によれば、(箇別)一切の物質は非常の速力で不斷に回轉して居るも

のゝ集まりである。

斯う言つたら、世間相違の過失はあるまい。

親孝行なんて、そんな古い奴隷道徳が何だ、西洋の道徳には、親孝行なんていふものはない。

こんなことを近頃の人は言ふ。親孝行を否定するのは、日本の道徳思想では常識に背いて居る、これ世間相違である。然しこんな人は、「歐米の道徳思想に基く時は」といふ簡別語を加へて、「西洋の道徳には親孝行はない」といふのである。

第四、自敎相違

で、これは立論者が、平常主張し、信じて居るところの主義信仰と違つたことを宗として言ひ張る場合をいふのである。若し假りに宗敎者が、

我々の生活に必ずしも信仰は絕對に必要なものではない

と言つたとする。そうすると、かねて宗敎者だと思つて敵手として立つてる反對者は、其の立論者の眞意のあるところを推し測りかねて躊躇し、其の論の歩武を進めて行くことが出來ないことになる。つまり自敎相違は、立論者の主張を曖昧に

するものであるから、敵若は、之を相手とすることが出來ない。若しかねて主張を捨てゝ、今や自分の立場が違つて來て居るとすれば、先づ其のことから言明して來なければならない。果して之を言明したとすれば、場合によつては、議論にならずに濟むかも知れないのである。

第五、自語相違

これは、宗の前陳後陳に於て、前後矛盾したことを主張する過失である。

何でも人の言ふことは信ぜられないよ

と言はゞ、そう言つてる人の言ふことも信ぜられないわけである。自分の言ふことも信ぜられないといふことを言ひながら、自分の考へをそう思はせるといふのは無理な話で、これは自語相違である。

人を見たら泥棒と思へ

斯う言つてる人の心では、自分丈は泥棒の仲間でない積りで言つてる、イヤそれで自分の獨り正しいことを見せやうとして居るのだらうが、然し聞いてる方から言ふと、「そんなならお前も泥棒だな」と言ふことになるのである。「人を見たら」の人の中には、自分もはいつてることを氣づかないで居る、これは一種の自語相違である。

第六、能別不極成

といふ、其の不極成とは何のことかといふと、極成は至極成就である、立論者も證敵者も立敵共に「そうだ」と許すものなれば、これ極成である。之に反して立敵共に認許しない、或は少くとも、立者か敵者か、どちらかゞ許さないものであつたら、それは不極成と言はれるのである。能別といふのは、宗の後陳宗依を指すので、これは前の宗の說明のところで言つた樣に、宗前陳を所別とし、後陳を能別とするのである。宗は前陳後陳共に立敵共許でなければならないのであるのに、其の後陳が不極成であれば、これは宗として意味を成さないことは當然のわけである。此の不極成即ち認許しないといふ意味に二つの區別がある。それは其の言葉が不通である場合と、言葉は通じて居ても、其の事實を許さない場合とであつて、此の二つは共に能別不極成の過失と言れるのである。

佛敎者が、佛敎を知らないものに對し、

佛は菩提涅槃の二轉の妙果を證得せるものなり

と言つたとする。すると其の宗後陳の「菩提涅槃の二轉の妙果を證得する」といふのはどんなことか、第一其の言葉の意味が丸でわからない、これ能別不極成の宗といふものである。また耶蘇教徒が、反對者に對して、

宇宙は神の創造する所なり

と主張したとする。其の「神の創造」といふ言葉の意味はわかつて居るけれ共「神の創造する所」といふ事實を、最始から認めて居ないのである、これ矢張り能別不極成の宗である。宗は能別所別共に、立敵共許のもので、唯宗體に於て一許一不許であるべきものといふのを原則とすることは、前に述べた通りのことである。

第七、所別不極成

は、前の能別不極成に對し、宗前陳の不極成であることは、說明するまでもあるまい。これにも、言葉の不通と、事實の不許との二つあることと、これまた言ふまでもない。

エルやサブの通じて居ない樣な都會は交通機關の完備してない町である

と言つたつて「エルやサブの通じて居ない」と言ふ言葉のわからない人には、丸でわ

けがわからない、これ所別不極成の宗である。（エルは高架線電車、サブは地下線電車）また佛教者が、他に對して、

極樂往生は宗教の極致である

などゝ言つても、其の「極樂往生」といふことが、最初から敵者は認めて居ないのであるから、此の宗を成立せしめる前に、先づ「極樂往生」といふことを解釋說明して納得せしめた上でなければ問題にならない。これ敵者の事實不認許の、所謂所別不極成の宗といふものである。

第八、倶不極成

これはまた云ふまでもなく、能別と所別と、兩方共不極成の宗である。これはもう說明するまでもあるまい。

第九、相符極成

はこれまでの過失と違つて不極成ではない、極成である。相符といふのは、相符合することで、立敵兩者が一致して、極成してる、卽ち意見が一つになつた場合で、こんなものは、勿論宗の意味はない。宗は一許一不許でなければ問題にならないから

である。勞働者が、資本家に向つて「我々に生活の權利を與へよ」と叫ぶ。そうして、人は皆生活の權利あり
と主張したとする。ところが資本家だつて、此の「人には皆生活の權利がある」とい
ふことに對しては異論がない、これ相符極成の宗で問題にはならない。つまり「今
日の賃銀で生活が出來るか否や」といふことが問題なので「生活の權利の有無」が爭
點ではないことがわかるのである。

これで似宗の九過が終つた。次ぎに似因の十四過であるが、之を四不成、六不定、
四相違の三段とする。四不成といふのは、因の三相の中の、第一相（遍是宗法性）を缺
くもので、六不定といふのは、第二相（同品定有性）か、第三相（異品遍無性）かを缺くもの
である。四相違は三相には關係がないので、これは因が、自分の宗を成立せしめず、
却つて反對に、敵の宗を成立せしめる樣なことになるものを指すのである。

さて最初四不成について、之を不成と呼ぶのは何故であるかといふのに、第一相
を缺く爲めに、宗をして成立せしめない、隨つて勿論因としての意味も成立しない
そこで不成と呼ばれるのである。卽ち第一に宗不成、隨つて第二に因不成となる、

故に不成と名けるのである。四不成の中で、先づ十四過中の、

第一、兩俱不成

である。兩俱とは、立敵兩者で、どちらから見ても、第一相の缺けてることの明瞭なる場合である。即ち因が、全く宗の前陳に周遍しないか、或は宗前陳が、一分、因の範圍外に出て居る。場合である。即ち

（十六）

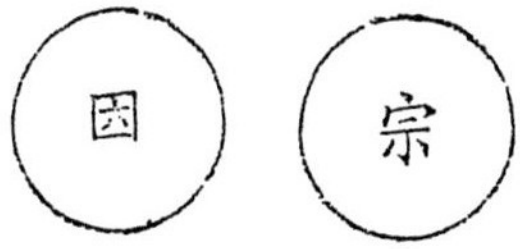

（十七）

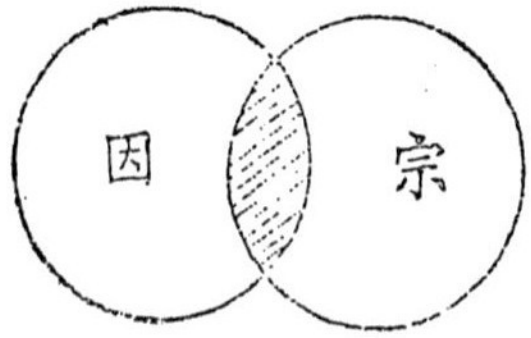

此の二つは、共に兩俱不成である。

勞働者は實にえらい
彼等は不食不眠である

なんて言つたつて、誰も信ずるものがあるまい。「不食不眠」といふことは、立敵共

に認めないところで、「不食不眠」といふ範圍內には、宗前陳の「勞働者」は少しも關係がない。これ第十六の圖に相當するものである。また

勞働者は實にえらい
巡査の拔劍にでも抵抗する

と言ふものあらんか「巡査の拔劍に抵抗する」ものは、其の勞働者の一小部分で、「勞働者」の全體が、そうであるのではない。故に「巡査の拔劍に抵抗する」といふ範圍內にはいるものは、ホンの一部であつて、其の大部は因の範圍外に居る。即ち因は、宗前陳の一部に周遍して居るけれども全部に周遍はして居ない、これは圖の第十七に當るものである。それから、

第二、隨一不成

である。隨一といふのは、前の兩俱に對する言葉で、兩俱は、双方で第一相の缺けたことを認めるのであるが、此の隨一は、立敵兩者の中、どちらかの一人が、因相が、宗前陳に周遍して居ないと主張する場合である。即ち立敵兩者の間で周遍不周遍について、意見を異にして居る場合をいふことになる。若し立論者の方で、周遍して居ないといひ、敵者の方で、周遍して居るといふならば、これ自隨一不成である。之

に反して、若し證敵者が周遍して居ないといひ、立論者は周遍して居るといふならば、これ他隨一不成である。

帝國主義は眞の平等主義なり
世界の人類を平等に統一する理想を有するが故に

と言はんか。此の因は、證敵者は決して許すことはないであらう。これ他隨一不成の因である。帝國主義は、たとひ世界統一の理想を有するとしても、それは世界人類を平等にするものではないからである。立論者は「世界の平等統一」といふ範圍內に、帝國主義ははいる、卽ち因は、宗前陳に周遍して居ると考へて、此の因を述べて居ても、反對者は、此の因と「帝國主義」との間には交渉關係はない、何等周遍はして居ないと見るのである。又

帝國主義は眞の平等主義なり
人類の階級打破を目的とするが故に

と言はんか、「階級打破」は「帝國主義」とは沒交渉である筈であるのに、立論者は、之を主張するのであるから、これは自隨一不成の因といはなければならない。

第三、猶豫不成

これは、宗前陳に、因が周遍して居るか否やわからない、卽ち第一相の缺けてるか否や不明であるのに、勝手にきめて因を立てるのである。

汝は危險思想を有す

クロパトキンの說を講述せしが故にといふ樣なもので、クロパトキンの學說を講述したといふことは、之を信じてしたのか、單に學者として其の學說を紹介したに止まるのか、所謂「汝」なる人物の眞意を確めもしないで、直ちに斯くきめて因を構成して居る。卽ち「クロパトキン講述」と「汝」の關係は未確定であるのに、因は宗前陳に周遍するものときめて、此の因が出來て居る、これ猶豫不成の因である。

第四、所依不成

所依といふのは、宗前陳のことである。因は、宗前陳の中に含まれてることは、前に述べた通りであつて、此の場合、宗前陳を所依とし、因を能依といふのである。故に所依不成といふのは、宗前陳が、一許不不許で、所謂宗依共許の法則に背いた時、卽ち所別不極成の宗の時には、其の因は、當然因の意味を失つてしまふので、此の際の

因の過失を所依不成といふのである。例へば、前の所別不極成の下に擧げた例によつて言はば

極樂往生は宗敎の極致なり

宗敎は精神の絶對安樂を目的とするが故に

と言ふが如き、非宗敎者は、最初より、宗前陳の「極樂往生」といふものを認めて居ない。隨つて其の因たる「精神の絶對安樂」も、更に證敵者に沒交渉のものになつて居る。故に宗よりいへば、之を所別不極成の宗といひ、因の方から言へば、之を所依不成の因といふのである。

それから六不定を述べる順序になる。不定といふのは、兩方に跨つてる爲めにどちらにも言へるから不定といふのであつて、これは因の第二相、第三相を缺くと斯ういふ結果になるのである。卽ち、因と同品との關係は因が同品の一部に遍通して居るか、或は全部に遍通して居るかでなければ正因とは言はれないので、因と同品とが無關係であれば、勿論正因といふことは出來ない。因と異品との關係は言ふまでもなく、兩者絶對無關係であることを要求する。それであるから、若し因

ばしたるぞとといへば、祓戸の神達は法師をば忌み給へば、祓するほど、しばらくして侍るなりと云に上人こゑをあげて大になきて陰陽師に取りかゝれば、陰陽師心えず仰天して祓をしさして、これはいかにといふ。祓せさる人もあきれてゐたり。上人冠をとりて引きやぶりて、なくことかぎりなし。いかにしりて御房は佛弟子となりて祓戸の神達にくみ給ふかといひて、如來の忌む事をやぶりて、しばしも無間地獄の業をばつくり給ふぞ。誠にかなしきことなり。たゞ寂心をころせといひて、とりつきてなくことおびたゞし。陰陽師のいはく、おほせらるゝ事尤も道理なり。世の過ぎがたければ、さりとてはとて、かくのごとく仕るなり。しからずば、なにわざをしてかは妻子をばやしない、わがいのちをも續け侍らむ。道心なければ上人にもならず、法師のかたちに侍れど、俗人のごとくなれば、後世のこといかでかとかなしく侍れど、よのならひにて侍れば、かやうに侍るなりといふ。上人のいふやう。それはさもあれ、いかゞ三世如來の御首に冠をば着給ふ。不幸にたへずしてかやうのことし給はゞ、堂つくらん料に勸進しむつめたる物ともをなんぢになんたぶ。一人菩薩に勸むれば、堂寺造るに勝りたる功徳なりといひて、弟子どもをつかはして材木とらんとて勸進し、あつめたる物をみなはこびよせて、この陰陽師にとらせつ。さてわが身は京に上り給ひにけり。

此の記事によるも、僧侶が陰陽道に關係して神道の祓に從事して居つた事が明かである。又此と同時に陰陽道流の祓を如何に世人が要求しつゝあつたかが判るのである。

今昔物語にも「陰陽の術を以て人を殺す話、」「人の妻惡靈と成る其害を除く陰陽師」などの物語をはじめ陰陽師に關する話が所々に出て居る。足利時代に出來た『七十一番歌合』に陰陽師の圖が出て居る。其の圖上に『われらも今日は晦日御祓持參候べきにて候』と記載してある。

已上は足利時代以前の陰陽道について其の概念を述べたのであるが其の後もます〳〵民間に傳播されるやうになつた。安倍晴明の後裔土御門家は代々斯道の長として陰陽頭に任せられて居つたが、德川時代になつてからは更に諸國の陰陽師を管轄するやうになり之を業とする者は皆同家の免許を受けるとになつた。

古來陰陽道は神道と密接な關係を持つて居つたので、其の祭事にして神事の如く考へられたものも少くない。然し著しく神道に影響を及ぼした方面は、鎮祭と禊祓(ミツギハラヒ)の儀式であつた平安朝以來陰陽道は禊祓に影響を及ぼして居るのであるが、足利時代以後は更に甚だしくなり、吉田家の神道説にも深く喰ひ込んで來たのである。

陰陽頭として土御門家が古來嚴存して居るにも拘はらず、徳川時代になつてからは、吉田家に於ても神人をして陰陽道の祈禱をなさしめるやうになつた。その法度に現はれた一例を擧げると次の樣な文書が遺つて居る。

奥州伊達郡神人諸社神役作法々度之事

一若宮八幡宮職事、伊達方十六郷之内、有來神人、任神慮、諸檀那爲陰陽之祈禱在々所々町村可勤事

(中略)

寛文十二壬子二月廿五日

神道管領長上卜部朝臣侍從兼起(朱印)

(大日本古文書伊達家文書ノ五)

我國の陰陽道の沿革は概略かやうなものであるが、陰陽道は陰陽五行の說に本づき、日月干支の運を考へ、吉凶を定め、方位の忌み、日時の忌み、一身の忌み、衆人の忌み等がある。又其の符咒を門にはり、或は身に藏して轉厄に備へ、或は又色々の禁厭(マジナイ)もやつたのである。されば多くの迷信的要素をも包藏して居る。此の思想は奈良朝の具注曆以來各種の曆に附隨して廣く宣傳されたのである。而して德川時代になつてからは伊勢大神宮に屬して居つた御師(オシ)から全國の檀家に配付した伊勢曆も、此種の記事を滿載して居つた。蓋し伊勢曆は、土御門家の曆本を得て板行したものであらうと云ふ說もある位で陰陽思想に滿ちて居つたのである。斯の如き事情の下に此の思想は全國へ傳播した。其の結果今日でも土木を起すにも、旅をなすにも舊曆によつて日を選び、甚だしきは、衣服を裁つにも、日の吉凶を氣にする風が多くの家庭に遺つて居る。昔は不幸を物忌みや、忌み日の祟りに歸すること甚だしく、從つて其の不幸を禳ふために祓を行つた。そうして其の祓は事件の起つた度每に行ふものと、一定の時を定めて擧行したものとがある。朝廷に於ても又民間に於ても行はれたのであるが、其の人心作用を及ぼして居る分野といふものは、全く神道の祓と同一であつたからして自から神道思想と混入せざるを得ないのである。今次に其の著しい陰陽道の祓を紹介する。

七瀬御祓

七瀬御祓といふのは宮中で行はれた祓で、村上天皇の應和三年七月二十二日に陰陽道の名家天文博士賀茂保憲を河瀬に遣はして祓をせしめ給ふたことがある。恐らくは此が七瀬御祓のはじめであらうと言ふことである。而して此の祓は後には毎月行はれたものと見え『公事根源』に『是は毎月の事なり、七瀬とは川合、一條、土御門、近衛、中御門、大炊御門、二條のすゑ、これを七瀬とは申なり、陰陽師、人形を奉る。主上御いきをかけ、御身をなでて返し給へば、殿上の待臣、この所々の川原にむかふ。かへりまゐれば主上御撫物をめすまねせらる。その外さしたる事なし』とある。これにて儀式の凡そは判る。即ち此の儀式の要點は人形に御氣を吹きかけ又御體を撫で給ひ、すべての穢を人形に移して七瀬に持ち運ばせて祓ひ清め更に持ち歸つて其の淸まりたる撫物即ち人形にふれて其の淸めに接し給ふのである。此の祓は天皇のみならず公卿の間にも行はれたことが傳へられて居る。

御贖物節折の儀

御贖物節折の儀といふは大祓の日に天皇中宮及び東宮の御ために行はせられる。御祓である。御贖物は神祇官から奉る物で禍を贖ひおふせて祓ふ具である。此贖物は口に紙を張つた四個のかはらけである。聖上御指で此の紙に孔をあけやらせ給ひて御息をいれさせ給ふのである。この起原については、『公事根源』に大かたは素戔鳴尊の千座置戸の祓などいふより起れる事なりといつて居る。

節折といふは、節折の命婦がよをりといふ竹を執つて御たけから始めて所々の寸法をとりたる後、宮主に切りあてがはせて御祓をつとむるのである。御贖物節折の儀及び次に述べる御體御卜の儀は何れも神祇官で行ふのであるが、陰陽道の影響を著しく受けて居るのである。

御體御卜

御體御卜といふのは一年に二度卽ち六月と十二月とに神祇官の官人本官にこもりて七月から十二月まで又一月から六月までの間に主上の玉體に御愼みあるべき日をトひ、又は神のたゝりあらば、祈り申すべきよしなどを奏上する儀である。

其の御卜の結果によつては太政官符を以て諸官に布達されたのである。今其の一例を次に示す。

太政官符。神祇官、外印

應レ行二御卜一祟（タヽリ）參箇條事

一、御膳水神依二人過穢一爲レ祟。仰二預人一可レ令二掃清祭治一事

一、來年春夏兩季。可レ有二鬼氣祟一。季初祭二治大宮四隅京四隅一。兼祭日可レ供二奉御禊一事。

一、自二御在所一南西方諸司所レ犯土祟可二鎭謝一事。中務。民部。主稅。內匠。造酒。內膳。右兵衞。左馬右馬等省寮司府所レ犯。

右得二彼官今月十日解一偁。依レ例供二奉御體御卜一所レ祟。奏聞既訖。仍錄二祟狀一。申送如件者。官宜承知。依レ件行レ之。符到奉行。

位左少弁（文範）　　位左大史

天曆六年十二月十日

（類聚符宣抄第一—、國史大系第十二）

此の神祇官の御卜、祟三ヶ條に就いて特に注意すべき點は、初めと終りの二ヶ條の祟りである。即ち臣下の犯した穢惡の行爲が聖上御惱の原因となるといふ思想である。即ち第一の祟りは何人かゞ過ち犯した穢によつて御膳水神の祟に觸れ給ふ恐れがあるといふ御卜である。次に第三の祟りは御所西南方に位せる諸司、卽ち、中務、民部、主稅、內匠其他の諸司が犯し穢した土の祟りを鎭め謝さなければならぬといふ御卜である。さて土を犯すことを忌むのは、陰陽道の思想で之を犯した時は陰陽師が土公祭を行つたのであるから此御卜は陰陽道の影響を示すものである。

要するに此の御體御卜の思想は罪惡觀の一面であるが我が忠君哲學の發達に關係する現象として注目にあたひすべきものと思ふ。

上巳の祓

上巳の祓といふは七瀨の御祓と同じやうに撫物で身體を撫で、陰陽師が其を以て河原にのぞみ祓をするのである。三月上巳の日に行ふから上巳の祓といふ。

此の祓のことは類從國史延曆十一年三月の條に出て居るのが恐らくは文献に現

はれたはじめであらう。源氏物語須磨の巻に、やよひのついたちに、いできたる巳の日、けふなん、かくおぼすことある人は、みそぎし給ふべき(中略)このくにに、かよひける陰陽師めしてはらへをせさせ給ふ。舟にこと〴〵しき人がたのせて、ながすを見給ふに」云々とあるをはじめ其後の物語に多く見えて居るから朝廷のみならず廣く民間にも行はれたものと思はれる。

なほ此の外陰陽師のなす祓には、河臨祓、神籬祓、百度祓、萬度祓などあるが多くは陰陽師が佛教の經典の轉讀にまねて中臣祓詞を神前は轉讀するもので佛教の影響が認められる。さて陰陽師のなす祓は大抵平安朝に起源を有して居るのである。

さて陰陽道が我が國固有の禊祓に及ぼした影響は、延喜式の大祓詞をはじめ、種々の方面に現はれて居るが、如何なる結果を齎らして居るかについて考へて見たい。

由來陰陽道は天文暦數の學を主としたものと思はれるが我が國に於ては、それを學術として發達せしむる事が出來ないで、只それに附隨して居る迷信的方面が非常に發展したことは爭はれぬ事實である。されば神道に及ぼした影響も此の方面の力が少くなかつたのである。卽ち我が國古來の禊祓の思想に乘じて陰陽道の祈禱や祓を發達せしめ、或は大祓の如き純然たる神道の祓にまでも其の思想を混入せしむるやうになつたのである。而して其の多くは神道の禊祓を甚しく儀式化せしめた。況んや陰陽道の祓そのものは何等神道の禊祓の思想を善導したものではない。唯こゝに多少注意すべきことは、神社に穢や怪異の起つた時其の事につき陰陽寮をして占はしめ、その勘文を徵せられたことである。卽ち陰陽博士等が占によつて勘文を作る時に占文に托して多少なりとも時弊を正し、或は當局の反省を促すやうな考慮を加へしや否やにあらうと思ふ。

第六章　神社の崇敬と封建制度

凡そ物事の起り來るのは其の現はれた時に起るにあらずして原因は必ず其の時より以前にある。我が封建制度も鎌倉時代に始つたのであるが其由來は平安朝にある。

即ち平安朝に於て公家が地方の政治を怠り兵馬の事に關與するを嫌つたことが一の重大な原因になつて居る。當時地方の鎭靜は主として武士の力に賴つた結果、地方の武士は其の戰功によつて屢々所領を賜つた。彼等は即ち其の地方に土着して武夫を養ひ、次第に大名小名の實力を備へるやうになつた。地方の行政官として派遣されて居つた國司はかくの如き大小名と比肩すべきものであつたけれども、此は四五年にして他に移るべき官吏であるが、彼は累代の封侯である。故に其の地方の武夫が大小名に仕へて高名顯達の路を計るといふ事は自然の勢である。此にはじめて臣、君に從ふの氣風を養ふやうになり、武士は主君の爲めに死を肯ずるの風を生じた。源氏は此間に擡頭して屢々戰に勝つて名聲を擧げ、武夫皆源氏を仰いで其の欲する所を求めんとした。即ち彼等は源氏に從つて軍功を立て、或は郡司となり、或は庄司となり、或は又資財を得、若干の土地を領することが出來た。其の間、自から恩義を生じて源家に對して臣從の心を抱く者が多く出來た。前九年後三年などの戰亂をはじめ關東屢々軍馬の巷となり武勇あるもの獨りよく其の生命を保ち、其の財産を守ることが出來たのであるから心膽の剛、筋力の強、武藝の練達は彼等の最も尊重する所であつた。從つて戰陣に臨み死を潔くして高名を得んとするの風を生じ、死を見ること歸するが如きものがあつた。斯の如きは、當時の武家社會が彼等に對して最高の名譽を與ふるに吝ならざりしによるもので、此の風は更に倫理化されて忠義の德を稱賛するやうになつた。卽ち彼等は其主君から賜はる一雙の酒盃、或は數口の太刀に感涙を催し、これを終身の光榮とし、且つ深く自己の行動の善なるを自覺して軍陣に臨み恩義に報ふるに所謂一日の恩にも百年の命を拾つるの所業を敢へて爲すやうになつた。社會はそれを忠節として最も榮譽ある所業と認めたのである。

斯の如き人心は平安朝の末葉から鎌倉の初めにかけて諸國に起り、漸く武家社會の風尙となつた。卽ち武勇を以て顯はれ忠義を以て稱せられた先達の英名偉業は後の武士が羨望して止まざる所となり、武道を磨き心膽を練つて之に傚ふ者が漸く多くなつたのである。

源賴朝はかゝる忠義心に擁護され、天下の政權を收めて鎌倉に覇府を設け、長い武家政治の端を開いたのである。これ大化の改新に次いで起つた我が國に於ける最大政變の第二であつて、其の第三の政變は言ふまでもなく明治御維新である。

さて頼朝が武家の勢力を統一して天下に號令することが出來るやうになつた事について最も注意すべき力が二つある。其の一は彼が上、皇室を重んじたこと。其の二は神祇を特に崇敬したことゝである。吾人が今特に研究して見たいのは第二の場合、卽ち頼朝は神社に對して如何なる態度を採つたかといふこと、それから其の頼朝の方針が彼以後の武家政治に對して如何なる影響を及ぼして居るかといふことゝである。

頼朝は先づ鶴岡若宮八幡宮を創建し、或は諸社へ屢々參拜し、或は又諸社の修繕に意を用ひた。後鳥羽天皇の元暦元年二月に頼朝は上奏してから言ふ事を言つた。「我が國は神國である、往古の神領相違あるべからず」云々(東鑑)此の外彼は神領保護のことについて屢々命令を發した。又自から神に寄進狀を奉つたこともある。左に其の一例を示す。

奉寄鹿島神社御領

在常陸國橘鄉

右、爲心願成就、所奉寄如件

治承五年十月　日

源頼朝敬白

(鹿島大禰宜文書)

要するに頼朝が諸社に所領を寄進せしめたのは、神社祭禮の資を豊にして崇敬の意を致したのである。

頼朝の神社崇敬について特に注意すべきことは彼が八幡宮の崇敬を特別に重んじたことである。これには深い理由がある。源頼義が八幡宮を鎌倉に創建し其後頼朝が改造して今の若宮八幡宮を建てゝ崇敬を極むるやうになつてから八幡宮の信仰が武家の間に非常に盛んになつたので、源家の八幡崇敬も頼義以後のことであるやうに思ふものも少くない。然し八幡宮の祭神應神天皇は頼朝等の祖先になるので平安朝時代から既に源家によつて崇敬されて居つた。此の事は永承元年(一〇四六)に頼朝等の先祖頼信が八幡宮に奉つた告文によつて明かにされて居る。

此の告文の原本は今は傳つて居ないが、鎌倉時代の古寫本が遺つて居る。それによると全篇の精神は其の身は八幡大菩薩の神裔を辱ふして居るといふ感恩の念を以て滿たされて居る。卽ち祖功を繼で凶賊を平らげ、朝恩を蒙つて河内國に宰たることを述べ、勳功を語り、武道を說き、神祐を得て寵命を全くし、家門を盛にせんことを祈つて居る。蓋し一面に於て家系皇胤を辱ふして居る事を揚言すると共に、他の一面に於ては子孫の繁榮せんことを切望して居るのである。次に此の告文の家系を叙して居る語句を摘抄して示す。

儆奉㆑媛㆓先祖之本系㆒者、大菩薩之聖體者、忝某廿二世之氏祖也(先人新發、其先經基、其先元平親王、其先陽成天皇、其先清和天皇、其先文德天皇、其先深草天皇、其先嵯峨天皇、其先柏原天皇、其先白壁天皇、其先天智天皇、其先施基王子、其先舒明天皇、其先敏達天皇、其先欽明天皇、其先繼體天皇、其先彥主王八幡五世孫也)

とある。又

所謂曾祖陽成天皇者、權現之十八代孫也、賴信者彼天皇之四世孫也

とある。卽ち此告文によつて賴義、賴朝が八幡宮を最も厚く崇敬したのは全く賴信以來祖先の遺訓によつたものであることが明かに判るのである。而して此告

文は神社に捧げたものではあるが決して神殿にひめ置かれたのではなかつた。告文の終に追申として記載されて居る所を見るに「永傳二家族一駐レ耳書レ紳、後昆末族、皆戴ク神德、又傍人若シ閲二此文一者莫レ解レ願矣」などの句がある。卽ち此等の文句によつて察すると專ら神明に告げるといふだけではなく、子孫をして先業を繼承し、益々恢張を圖らしめんことを願つて居る。尙これだけではなく世人が此告文を見て其の家系を知らんことを冀つたのである。卽ち包紙にも「賴信奉二八幡大菩薩一祭文顯二源氏之由來一云々と認められて居る。卽ち尋常の願文とは異つて神廟に秘藏して置くことは元來此告文の本意ではなく却つて廣く世人に源氏の由來を示したいといふ目的を持つて居つた事は當時の事情を最もよく現はして居るものと言はねばならぬ。

鎌倉以後、武家の間に於て八幡神社の信仰が最も盛んであつたのは賴信以來源家の祖神として深く崇敬されて來たからである。

さて鎌倉幕府の施政に於て神社に對する崇敬は重要なる力となつて居つたのである。而して此の方針卽ち敬神主義が以來武家政治を通じて大切な要素であ

此點に就て、近來各地方に於て、その自治的訓練、團體的訓練なることを考へ違へ、直に實際の政治運動等に關係するものあるが、之は考へ違ひである。青年修養の時期は、實際政治問題に關係して累を他に及す如きは、最も之を謹まねばならぬ。卽ち青年と政黨又は政事問題は、絶對に之を避ける事を希望せねばならぬ。

此點に於て現在の青年團員の年齡が滿二十五歲までに延長せられてゐることは、甚だ不得策であることを考へざるを得ない。何處までも青年團體は修養團體にして、卽ち他の指導を受けるものなる故に、その指導を受ける必要ある迄にすることが適當である。此の見地より大略二十歲迄が適切である。

外國では此種の團體は十八歲迄に限られてゐる。その理由は敎育可能性の最も高き絶頂が十八歲迄なる故、此間に於て之等を指導せしむる爲めの團體としては、これ以上に延長することは、その勞多くして效少きを認める爲めである。我國に於ても同樣にして、此點は地方指導者の留意を怠つてはならぬ所である。

十　青年の體育並衞生　次に青年の體育並に衞生の問題であるが、此點に就ては後に社會敎育としての、一般國民の體育並に衞生に關する方面にて詳述する考であるが、要するに此問題は青年修養中の重大項目であつて、他の智識の陶冶風紀の改善と共に、最も重要視せらるべきもので、殊に我國民の如き、體質に於ても體力に於ても、外國に見劣りするものに於ては、一層痛切に感ずる次第である。勿論現在に於ては各地方共に此點に留意するやうになつたが、將來に於ては少くとも府縣町村に於て、青年體育の指導に任ずべき、特別の吏員を設けて、組織的に之が進歩發展を望まねばならぬ。

十一　青年の娯樂　次に青年の娯樂問題であるが、之も青年指導の上には閑却出來ぬ重大な問題で、各地方共に此點に就ても相當の注意を向けてゐるが、之は他の施設と相俟て漸次改善を施すべきであるが、就中我青年に對して最も急務とすることは音樂に對する趣味涵養の問題である。　これを如何なる方法によつて如何なるものに進むべきかは、尙ほ研究すべき事なるも、我國民の性情に適し、その趣味に適するものを選び、彼等の高尙なる趣味及娯樂に對する趣味を涵養する事に對して、特別の工夫が欲しいのである。

十二　青年の職業指導　次に青年の職業指導の問題であるが、此點に關してもさきに述べたる學校の擴張事業、或は地方に於ける農事其他産業改良の爲めに設けられたる、官衙及吏員の適切なる指導を必要とする場合が多い。この點に於ては英米二國の如きは、組織的に種々なる研究倶樂部を設けしめ、團員をしてその研究題目によつて各種の倶樂部を組織せしめ、その研究に大なる利便を與へつゝあるが、斯くの如き各種の研究倶樂部の設置を爲す外に、更に彼等が將來職業に從事する上に、必要なる指導を與へる特別なる機關、乃ち職業相談所或は學校にて、職業指導に關する施設と相俟て適切なる指導を加へ、以て前途を誤らしめざる施設が必要である。

以上述べた事は、青年團に對する重要なる事項を、概括的に述べたのである。願はくば天下の有識先輩の士が、常に我青年の前途に對し幸福を齎すべく、滿腔の同情を寄せられんことを切望する次第である。

三、處女會

一處女會設立の趣旨

歐米先進の諸國に於て、教育の盛な事は今更論するまでもないが、就中女子教育が、非常に盛な事は何人も認める所である。之が聽て之等諸國の婦人の活動の源泉をなし、更にその國家社會の大なる力として外に現れて來る次第である。我々日本人から見れば、外國の婦人が寧ろ男性的で、その社會に於ても、婦人の地位を認める事が我國と非常に懸隔があるから、只外國婦人はお轉婆であるとの一言の下に斷定を下して居るのは、その表面を見てその眞相を觀察しない見方である。今日歐米の先進國では、婦人が社會上の一大勢力として、政治經濟は勿論、學校敎育等凡ゆる方面に男子と拮抗し、又は協力してその文化の爲めに貢獻してゐるのは、實に目醒しいものである。今之等外國婦人の種類を區別すると、次の四つの種類に分つことが出來ると思ふ。

一　自治婦人　之は自己の腕で、自分若しくはその家族の生活を維持する婦人で之を又四種類に分つ。

a　工業從業者　多くは工場勞働に從事する婦人である。

b　家事勞働者　之は料理人・給仕人・室內勞働・洗濯の樣な家事勞働に從事するものである。

c 商業從業者　之はタイピスト・速記者・書記・商店賣子等である。

d 專門的職業者　之は醫者・看護婦・教員・圖書館從事員・官公吏・美術家・音樂家・學者・新聞雜誌記者の類である。

以上は所謂獨立生活を營む婦人で、その割合の多いことは、彼等が結婚年齡の甚だ遲いのを見てもわかる。英米二國では先づ滿二十六歲が、初婚平均年齡となつて居る。婦人の大部分が或は學問を有するか、或は自活するかによつて、將來に於て、有力なる婦人として立つべき素地を造つてゐる事がわかる。

二、家婦　一家の主婦として居るもので、曩に述べた通り先つ平均滿二十六歲以後に於て、一家の中に主婦として住むものである。

三、閑散婦人　之は慈善事業・宗敎傳導・公共事業・敎育及美術又は政治に對する運動をする人で、その生活に餘裕あり、その識見に於ても立派な人達で、社會公共の爲めに、報酬を求めずして努力してゐる婦人である。この種の婦人も少くない。

四、徒食婦人　之は單に流行を追ふて徒食してゐる婦人で、所謂花柳界に於て社會を毒し、或は上流の社會に於て、その有する資産に倶つて徒食する婦人である。

勿論この種の婦人も少くないが、概して斯くの如き種類のものは我國のそれと比して甚だ少い事は云ふまでもない。

以上四種の婦人に就て考ふるに概して彼等にはその家に在ると、獨身者なるとに拘はらず、最初より人として有力なる技術、又は學識を有し、男子に對抗するだけの素養を持たねばならぬといふ觀念は、當人は勿論その親兄弟に於ても同様に、深く心の内に之を有して居る次第である。之は全民族の自主的精神とも見られるが、他に頼るといふ觀念は初より之を排斥し、先づこの世に生れた以上は、自分自らの力で、自分自らを支へる事が根本の要件であるとの觀念が、彼等の間に深く植えつけられて居るので、その家庭に於ける狀況を見ても、親兄弟は男子よりも女子の爲に敎育を十分に授けて、その性的關係、體質上より來る弱點を、敎育の力で補つて置かねばならぬといふ事が、彼等の信條となつてゐるのである。この點は我國の國民一般の頭にある考へと、根本より異る點である。我國で云へば、女の子であるからといふ事が、女子の敎育を忽にする唯一の原因となつてゐるので、卽ち女は從屬的のもので、常に男子の蔭に隱れて、一生を無事に送る事が女子の天分なるかの如く考へられて居るのである。從つて自然女子に對する教育を忽にする樣になる。なる程國民教育に於ては、女子に對しても平等にその教育をする制度を設けてゐるが、その就學の步合や、教育に對する父兄や教師の頭が、男子と均等に苦心する態度は未だ判然としてゐない。況や女子の中等以上の教育に就ては迚も話にならぬ。女子の意氣地なき事は女子の天分ではないので、女子の天分を十分に發揮せしめるだけの覺悟・用意の足りない事がその原因となつて居る。

今隣國米國に就て見るに、今より六七年前の事であるが、現に大學に在學してゐる學生の中で、四十萬人の學生中、約十五萬の女子大學生が居り、又約三萬の大學教授の中、六千人が女の教授であり、同年頃博士の學位を得たる四百五十人の學者中、六十人は婦人であるといふ狀況で、大學以下の各種の專門教育に於ては、これ以上の割合をもつて女子が男子に對抗し、盛に教育が授けられて居る。中等以下の教育では、寧ろ女子の方が男子より盛であると云ふても過言ではない。

斯くの如き事は、我々の深く注意せねばならぬ問題で、一國の勢力は勿論、その國の有する天然の恩惠の如何によつて左右せらるゝ事もあるが、結局は國民の實力に依つて定まるのである。その國民の半を占める女子が甚だ無力な有樣では、之が他と對抗する時、殆んど男子に劣らぬ實力を有する國と、無力なる女子が國民の半を占める國とでは、後者が敗をとらねばならぬのは當然の事である。從つて歐米先進諸國が國運をすゝめ、その生活を豐富ならしめつゝある源は勿論その敎育が完備してゐる事に歸するが、就中男子と共に女子に對しても同程度の敎育を授ける事に苦心して、國民全體が有力なるものとして活動すべき素養を造る事に着眼しなければならない。

顧みて我國の狀況に就いて云へば、なるほど近年敎育は進步したけれども、先づ國民一般が女子に對する敎育の根本の考を改めぬ以上は外國の樣に眞に國家を盛大ならしむる事は、遠き將來である。彼等と拮抗する事が出來ない事がこの點にある事を着眼しなければならぬ。普通外國婦人を見て、その社會的地位並に家庭に於ける振舞を見て、一言の下に之れをけなして、所謂女尊男卑の國として一笑に附して居るが、決して彼等は女尊男卑ではなく、その根本は人としては男女共に對等の義務を有し權利を有するものであると云ふ考へが强く、自ら男女の立場に於てなし得べき凡ゆる能力を充分に發揮して之れが一團となつて有力なる國民たる事を期して居る。

彼の國の言葉で、「ベターハーフ」といふ言葉がある。「よりよき半分」といふ意義で天性女子は體力・體質に於て、男子と異なるものであるけれども、その能力に於て、男子よりもよりよき國民として、その天性を發揮する事を期して居る次第で、單に男子と拮抗して男子の地位を奪ふ意味でなく、一の强大なる國民の中で、女子がよりよき國民として、男子とその步調を共に進めんとする意氣を示すのである。從つて以上述べた樣に女子の敎育が甚だ盛んで、彼等の社會上の地位も日本の樣でなく、一度外國に行つた人は、何故に外國婦人が日本婦人に比して活發であり、權力を有するかと云ふ事が解るので、如何にもかよはき婦人が、徒に男子に對して威張り、男子が婦人に對して徒に敬意を表する譯ではない。女子が實力相應に振舞ひ、彼等の地位を保持せしめて居る譯で、之が社會生活の上に表はれたる各種公共事業・社會風紀問題等の上にも、婦人が有力に發言權を有し、之を維持して行く重要な地位を占めて居るのであつて、現代我國に於ける社會生活の紊亂・風紀頽敗の多くは婦人の無力が大原因となる事を見る。若し我國婦人で見識實力が今少しく進んだら、社會に表はれたる各方面の風儀頽敗・混亂を救ふ事が出來ると思ふ。之等の點を思ふと、どうしても一般に敎育を尊重し、特に我國では男子よりも女子の敎育を進展せしめ、少くとも男子の後に追付く樣にしなければならぬ。然るに先きに述べた通り、國民一般の頭は女の敎育に就ては頗る冷淡で、多數國民の中では、その義務敎育すらも完全に與へず。況んや中等以上の敎育殊に高等敎育を與へる事はその機關もなく、之を與へる樣にする努力も見えぬ。この點は爲政者は、勿論有識者の考慮を煩はす必要がある。

既に我國女子敎育狀況は斯くの如くであるから、今後學校敎育の上に、女子の爲めに大なる革新を要求するは勿論であるが、假令學校敎育が盛んでも、多數國民の婦女子すべてが之れに均霑するは、何時の時代でも困難である。それに大部分は義務敎育を受けるに止まるもの故、之等多數の女子に對し、更に彼等の爲めにその智識を啓發し、その德操を進め、又各種の技術の上に必要なる練習を與へる機會を設け、彼等自らの修養に資せしめる樣にしなければならない事は論を俟たない。

之即ち近年處女會又は婦人會の如き名稱の下に、婦女子に對する修養を勸奬する所以である。その事それ自體が有意義なるのみならず、この趣旨を旣に年老いたる婦人、又は他の男子に理解せしめる事が、又女子の敎育の進展に大なる動機を與へる意味合から、處女會奬勵の甚だ必要にして適切なる事は申すまでもない。

余はこの意味に於て地方當局所在有識の士が、一層の努力をこの方面に致すことを希望する。

二　處女會の敎育的施設
處女會は云ふ迄もなく、年少の婦人の修養を目的とする事は、論ずる迄もない。この團體の敎育施設としては、次の諸施設を以て要項とすべきものと考へる。
一補習敎育の諸施設
二社會的團體的訓練の諸施設
三體育施設
四娛樂施設
五他の修養團體の連絡に關する施設

而して今之等の各施設に就て、詳説することは甚だ困難である。以下之を概説して本論を止めたいと思ふ。

補習敎育の中にもいろ〳〵な種類がある。

第一學校施設

第二講習又は講演の方法による施設

第三圖書館巡回文庫の如き自學自習的施設

第四通信敎育又は巡回敎授の施設

之を一々此處で述べる必要はないと思ふが、以上既に社會敎育の諸施設で述べ來つた各方法を利用して、之等諸施設を行ふて可いと信ずる。

今此處では學校施設一二を述べて見たいが、女子の補習敎育の爲めには、最も必要なる事は學校補習敎育施設である。而も之に於ても諸種の問題あるが、先づ考ふべきものは敎授の方法である。敎授方法の中でも次の四つの點である。

一には補習敎育の修業年限と學校編成の點である。之は文部省に於て定められたる、實業補習敎育に關する法規によれば更に大なる問題はない。

二には教育機關と時間の問題である。この點に就ては、現在の女子補習教育は多くは夜間之を行ひ、且つ職業上の關係あり、農村地方で農閑の時期を選んで、一年中のある時期にのみ之を授けて居る樣のものもあり、一年を通じて大體均等に之を授けて居るものもあるが、此の教育は必ず晝間行ふ事が教育の効果の上より見て、又風儀上より考へても必要であり、且つその期間もある時期にかたよらないで、時間は少くとも一年間繼續的に之を授ける事が有効であると思ふ。今日の樣に單に名義の爲めに授けつゝある樣な有樣では、勞のみ多くして効果少きは申す迄もない。是非斯くの如き態度は之を改め眞に女子の實力を現はす樣に、斷然たる處置をとる事を希望せねばならぬ。現に英國の如きは滿十六歳に至る迄は、一年間四十週、毎週七時間を最底程度とし、而も之を晝間に行ふ事に斷然改正したのである。この點に就ては特に我國に於て最も必要な事で、男子の方に對するものよりも必要な事は、屢々述べたる通りである。地方の識者に對し、この女子補習教育の爲に一般の覺悟を求めんとするものである。

三には設備及教員の事であるが、之も今日の狀態では晝間之を行ふ爲めには、現任の如き小學校の施設が當然修養すべき兒童の爲め不足で、困難を感じて居る場合だから無理ではあるが、若し學校設備が不完全なら、それ相當の工夫のつく事で、之も地方の人々の盡力に俟つ必要がある。

四には經費の問題であるが、之もやり方では多額の費用を要せずやり得る。要は外觀形式を去り、實質を求める趣意であれば都合つく事である。

其他敎科目及敎科書の點に於ても、考究すべき事が少くないが之はこゝに略することゝする。

第一この補習敎育施設が根本で、之に加ふるに各種の講習講演を行ひ、又婦女子の爲めに必要なる讀物を供給すべき小圖書館・巡回文庫の施設、或は中等學校其の他の機關を中心として、處女會の爲に通信敎授の方法を設け、又は巡回敎授の施設を行ひ、近年の婦人子女をして、向學の觀念を養ふ事に努力するは、處女會の施設として、最も中心となるべき事であると信ずる。

之等の施設と共に更に希望したき事は、我國婦人の久しき習慣として、彼等が社會的に生活する爲めに必要なる訓練が足りない事で、社會的・公共的・又は團體的の觀念と實行との習慣を、彼等に植えつける手段が必要で、この訓練を授ける爲めには、又夫々適切なる工夫を要することゝ思ふ。更に我國婦女子の一大缺陷たる、體育衛生に關する觀念實行を促進するの機運を導く事も、この團體に於て忘れてはならぬ。又彼等の智識體育を進めると同時に、どうして趣味娯樂を養ふかといふ事も頗る緊要で、團體施設として適切なる事項でなければならぬ。殊にこの團體が現時勃興せんとする青年團との連絡に於ても、指導者は殊に注意を要する。現に青年團の成績最もよろしき處では、處女會も亦その風儀は勿論修養の機運が起りつゝある事の事實を見ても、彼等の年少なる時代より、男子の態度及其行を立派に導く事を忘れてはならぬ。斯くして處女會が眞に意義ある團體として眞價を發揮する樣に、指導されねばならぬと思ふ。而も少年團並青年團の場合に述べた樣に、啻に彼等の智識や體格や娯樂の向上發展をはかるといふ事ばかりでなく、眞に堅實なる婦人として、小にしては一家の爲、大にしては社會の爲貢献すべき確實なる婦人たらしむる事は眼目である故に、彼等の精神的修養の上に、徹底したる信仰を宿らしむる樣に誘導することが、必要中の必要の事であると信ずる。斯くの如くして、初めてこの團體指導の終局の目的を達すると考ふ。 希はくば地方有識者は、この點に最も深く思を致さるゝ事を望むのである。

終に處女會の指導に就ては、現今の状況では眞に望む事困難であると思ふが、なるべくこの團體は、婦人先輩が力を注ぐ樣にならなければ實績をあげる事は困難であると思ふ。 なるべく婦人は婦人の力によつて、之を進める樣にしたいと思ふ。この點に於ても男子たる指導者は常に忘れてはならぬ事と思ふ。

以上述べたる少年團・青年團・處女會等は團體指導の上で、最も重要視するは勿論であるが、その他成年の男子及婦女子の團體が少くない。 卽ち各種婦人會・母姉會・戸主會等の會もあるが、之等も亦社會敎育上重要視すべき團體で、之が指導は以上述べたる年少の子女に對する場合と、その精神に於ては毫も變る所はない譯であつたが、自らその團體を爲す對照が、その智識經驗に於て以上述べたるものと異るから、之を指導する上に、又異る方法によらなければならぬは勿論である。 就中これらの團體に對しては、その團體自身の目的とする所に向つて、適切なる手段を講ずる外に、之等の團體が、以上述べたる諸指導に對する理解を求める事に着眼する事が出來ないのである。

更に又露國革命に對する史的觀察を下だして見ると、已に今より約百年前佛國大革命に影響を受けて、一部の智識階級が自由思想に感染し、一八二五年の十二月に人權の尊重、裁判の公平、農奴の解放を叫びて所謂「十二月革命」なるものを起したのが抑もの發端である。爾來革命思想は漸次一般民衆の間にも傳播し、政府が之に對して猛烈なる撲滅策を講ずるに至り、却つて益々その氣焰を高かめ、虛無黨や無政府主義者が秘密結社を組織して政府の顚覆を企圖し、之が爲めに凄慘なる悲劇を演じたることが一再にして已まなかつた。現に露帝アレキサンドル二世の如きはその犧牲に供せられ、外國との戰爭がある度每に革命的動亂が起つたのであるが、一九〇五年日露戰爭の際にも之を見たのである。すると此の時政府は事態の重大なるを看て取り憲法の制定、議會の開設を約し人民の權利自由を保障すべきを盟かつたので大事に至らずして已んだもののゝ、その後に於ける政府の態度は別に從來と異なる所がなかつたばかりでなく益々高壓手段に訴へて民主的運動の抑壓に努めた爲め、革命の機運をして益々釀成せしむると云ふ結果を來たしその爆發は單に時日の問題に過ぎざるに至らしめたのである。すると恰かも好し今次の大戰が突發し、その當初一般國民は珍らしく擧國一致の精神を以て外敵に當たので一見革命の危機は之が爲めに消滅した如くに思はれたが、その實戰爭の進行中に於てその機運は日に日に爛熟しつゝあつた。特に露軍が連戰連敗の悲況に陷いり、政府の施設事毎に失敗し一般人民よりその威信を失ふに至つた矢先きにロマノフ朝廷の親獨派が獨逸と單獨講和を結ばんとし、加之怪僧ラスプーチンなるものが宮中に出入して皇后の寵を受け政治に參與するが如きの匪政續發したので、皇室の信用も地に墜ちるに至つた。玆に於て平素よりその機會の到來を待ちつゝあつた、革命黨や社會黨等が、蹶起して革命の旗を飜がへすに至つたやうな次第である。要するに今次の大戰は偶ま露國革命の前夜に起つたのであつて、よもや大戰が起らなかつたとしても到底一大革命は避くることが出來なかつたのである。而かもその原因は多くの點に於て佛國革命のそれに酷似して居る。

尤もその直接の動機を言へば、確かに食料問題であつた、蓋し政府の之に對する政策が甚だ無責任を極はめた爲めに、食料の缺乏が殆んどその極度に達し下層民をして餓死せしむるに至らしめたので、一九一七年三月九日露都に於て猛烈なる食料暴動起り遂に之が革命亂の導火線と爲つたのである。

斯くて三百年來露國に君臨したるロマノフ朝も革命勃發後僅に一週間をも出でずして脆くも倒壞し、爾來革命政府之に代りて共和政治を宣言し、一時穩健派の革命黨政權を掌握したるも勞働者並に兵士等が委員會に推されてケレンスキーが穩健派を倒して社會黨內閣を組織した。是れ革命後の第二次政變卽ち「七月の亂」として世に知らるゝものであるが、その後ケレンスキーは飽迄も英佛等聯合國に忠實を表して依然對獨戰爭を繼續したるも本來軍隊や一般國民も旣に戰意がなかつた上に、戰の益々不利であつた所から、無併合無賠償の卽時單獨講和を要求するの聲が益々高かくなり、之が爲めケレンスキーの聲望地に墜ちるに至つた。

玆に於て過激派卽ちボルシエヴイキーの首領レーニン並にトロツキー等の一派が此の虛に乘じてケレンスキー政府を顚覆し新たに過激派政府を樹立した、是れぞ卽ち第三次の政變「十一月の亂」として呼ばるゝものである。

そこで是より少しく過激派政府の行動に就て述べやう。

レーニンは新政府の樹立と共に社會主義的秩序を露國に建立せんが爲めに狂熱的に有ゆる舊物を根柢より覆がへし就中資本家征伐に全力を傾注した。而して彼れは先づ土地の私有制度を廢しやうとしたが、是は遂に失敗に終はつたが、勞働者の權利を無制限に擴大し、各種工場の支配權を工場主より奪ひて、その管理權を工場委員會に委ね、而かして又一日八時間勞働制を布いた。

更に又過激派政府は各人が一萬ルーブル以上の金錢を所有する事を禁じ、それ以上の金額は之を國庫に沒收する事とし、同時に銀行國有令を發し、赤衞軍をして市内の銀行を悉く占領せしめ主なる銀行家を逮捕した。又國債破棄と紙幣不換を公言し、有ゆる工場、鑛山、鐵道等を一切國有と爲す旨を宣言し、着々その實行に從事したので全露國を擧げて所謂恐怖時代を現出し、資產家は或は捕縛せられ、或は殺されたりした。

レーニン政府は斯くの如く內に在つては急速に自己の政策を實行するに餘念なかつたが、又外に向かつては迅速に平和を確立せんと欲し、獨、墺、土、勃四國同盟を同年十二月十五日休戰條約を締結した。而かして此の間講和談判に着手したが、獨逸側は無併合問題やウクライナ問題等に就て異議を唱へたので、一時談判不調に歸するに至つたが、獨逸が軍隊を以て露國を脅威したので、その折衝の任に當つたトロツキーも遂に屈服の已むなきに至り、一九一八年三月三日を以て講和條約に調印した。ブレスト・リトウスク條約なるものが卽ち是れである。

却說又レーニン政府はその最も重要なる對內政策の一つである憲法制定議會を召集したるに選擧の結果過激派が少數で社會革命左黨の方が多數當選した。斯くて一九一八年一月十八日に同議會がペトログラードに於て開會せられ、ソヴイエット執行委員會長スベルトロフが開會の辭と共に「露國のソヴイエット共和國」たることを宣言し勞働者階級の權利を列擧して議會の承認を求めた。すると反過激派卽ちケレンスキーの親友でルウオフ內閣時代に遞信大臣であつたソエレテリーが穩和社會黨を代表して之に反對し、過激派の政權簒奪やその他の罪惡を列擧して大攻擊を加へ、國家の主權は憲法制定議會に在りと力說痛論してレーニンと大に論戰した。而かして結局贊成百四十反對二百七十三の多數を以て過激派政府の宣言を否決し大に議會の威力を示した。茲に於てレーニンは愈よ平素の意見を露骨に決行せんとし翌十九日議會が餘りに甚しく有產階級の分子を含むと云ふ理由の下に橫暴にも之を解散して了まつた。實に此の議會解散は過激派が反對派に向かつて迫害や虐殺を行ふ端緒を開いたのであつた。

過激派は憲法議會解散以來、政權確立の爲め、自己の所信を決行する爲めに、少しもその手段を選ばなかつた。苟くも自己の政策に反對し、之を背くものは毫も假借する所なく迫害を加へた。之が爲に牢獄に投せられ若くは射殺さるゝ者が實に無數であつた。前首相トレボフを始めとし舊帝政時代の政治家、ケレンスキー系の政治家にして大抵その難を蒙らぬ者は無かつた。而して過激派部下の所謂「赤衞軍」は國內到る處に橫行して迫害や虐殺を擅まゝにした。

斯くてレーニン一派は恐怖手段に訴たへて遂にその目的を達し、一九一八年八月以來首府を莫斯科に移し、此の地を以てソヴイエツト政治の中心點とした。

そこで今少しく此のソヴイエツト政治に就て述べやう。本來ソヴイエツトとは單に「會議」と云ふ字義に過ぎないのであつたが、今では之をば過激派の創設せる勞農者會議に限りて使用せらるゝやうになつた次第である。都市にも地方郡部にも夫々その地方より選出せるソヴイエットなるものがあつて、その單位を爲し此等のソヴイエットから市部は人口二萬五千に付代議員一名、郡部ならば人口十二萬五千に付代議士一名を出して全露ソヴイエット會議を構成する。此の全露ソヴイエット會議は最高機關であつて、一年二回開會し又臨時會を開らき、そして二百名以內の全露中央理事會の議員を選擧する、此の理事會は更に各省長官を任命し、右長官は理事會及び全露ソヴイエット會議に對して責任を負はねばならぬ。乃ち今日の露國には他國に見るが如き大統領も居なければ、議會も無いのであつて、全露ソヴイエット會議なるものは一寸見た處では我が商業會議所の全國聯合會に似て居る。各市郡のソヴイエットも矢張り人民の投票に依つて選擧せらるゝのであつて、有權者は十八歲以上の男女で(一)勞働者や(二)ソヴイエットの陸海軍人等である。そして有產階級の者卽ち(一)人を雇役して金儲けを爲すもの(二)自分で働かないで資本利子や事業利益に依つて生活するもの所謂不勞所得者(三)商人(四)僧侶(五)露國前皇室の人々(六)帝政時代の警務關係者等には絕對に選擧權を與へない。之を要するに過激派政府が自己の勢力を維持し、且つその政策の實行を保證する方法として反對派なる有產階級の參政權を剝奪し、自己の味方である無產階級卽ち勞働者のみに之を與へて居る。

次に赤衞軍に就て一言するが、一九一七年十一月過激派が政權を掌握した際迄は舊來の露國軍隊が尙存して居つたが、過激派は帝政時代の軍隊では到底自分の志を成す事が出來ないと考へたので、その組織を變更し、有產階級系の將校を廢して勞働者を以て之れに代へ、隊長は選擧制度に據る事とした。殊に一九一八年二月ブレストリトウスク講和條約締結交涉中屢しば他から脅威を受け危殆を感じた結果、レーニンとトロツキーとは軍備の必要を痛切に感じ、內外に對して過激派政府の勢力を維持する必要上所謂「赤衞軍」を組織するに決定し、同年四月二十七日强制軍事敎育令を發布し、學校生徒、十六歲乃至十八歲のもの、十八歲以上四十歲のものゝ三種に分ち、男子は强制的に、女子は任意的に軍事敎育を受けしむると云ふ事にした。

却說過激派の大膽なる政策の實行と暴虐なる恐怖政治は全露をして殆んで無

政府の狀態に陷れたのであつたが、ブレストリトウスクの講和成立と共に勞農政府は先づウクライナ(一に又小露西亞)と芬蘭との獨立を承認し、次で波蘭、リトアニア、ラトヴイア、エストニア等にも任意政府を樹立する事を許したので、舊露西亞帝國は全然土崩瓦解の狀態を呈し、南露西亞や西北露西亞を始めとし露領亞細亞なる土耳其斯坦、ジョルジア、高架索、西比利に至る迄獨立を宣言する事となつた。

而かして又過激派の政策が產業破壞の結果を實現したので、衣食の窮乏を來たし、隨つて一般民衆の不平を誘致し、或は過激派に背かんとするの傾向を示すや反過激派の徒は相率ゐて各所に叛亂を起すに至つた。加之過激派政府は外國に對して國債や又、之れと締結せる條約を破棄し、且共產主義を廣く世界に宣傳したので聯合諸國就中英佛の怨恨を買ひ、此等聯合國政府は陰に陽に反過激派を應援した。之が爲めに一時反過激派の勢力大に振ひ、レーニン政府は風前の燈火同樣の觀を呈した。乃ち一九一八年英國政府後援の下にアルハシグルスクに北露西亞政府起り、英國兵と共同して過激派軍と戰ひ、南下してペトログラードを奪はんとした。又翌年にはデニキン將軍を首領とする南露西亞政府は黑海北岸の地に起り是亦英國政府の援助に依つて過激派軍と戰ふた。英國は是等反過激派に莫大の軍費を投じ、力を過激派の掃蕩に盡くしたけれども、その撲滅は思ひもよらなかつたので、更にユデニッチを起して西北露西亞を芬蘭灣の南岸に樹立せしめ、直ちにペトログラードを衝かしめんとした。ユデニッチ軍は一時優勢となり連戰連捷將さにペトログラードを陷落せしめんとするの概があつた。然るに不幸にしてその軍に內訌を生じたのと、一方過激派軍が善戰し防守共に克く力めたので反過激派軍は遂にその目的を達することが出來なかつた。又南露のデニキン軍も亦一時勝利を博し、北上して莫斯科に迫るの優勢を示したものゝ、その後勢威頓に地に墜ちて復た振はず、一九二〇年の初頭までには殆んど此等反過激派軍は潰滅に歸して了まつた。是より先き英國政府は反過激派軍の爲すなきを看取するや佛國と協同の下に對反過激派援助政策を改めて、アルハンゲルスクより撤兵し同時にデニキン軍並に西伯利に於けるオムスク政府に對する援助を打切り、唯過激派政府に對して聯合封鎖を嚴にするに止めた。

右の如く英佛の反過激派援助の失敗は延て過激派政府をしてその勢威を益々

振はしむる事となり、赤衞軍は前進又前進南露政府の根據を覆へし、更にオムスク政府を擊破して之をイルクーツク以東に逐ひ、一九二〇年一月の初には將さに中央亞細亞及高架索に侵入せんとするに至つた。

次で同年の夏波蘭と戰を交へつゝあつた過激派軍の勢亦大に振ひ、一時波軍の不利に陷ひるや、その牽制策として佛國政府はウランゲル將軍を南露より起たしめて專ら赤衞軍に當らしめた。斯くてウ將軍は善謀善戰の結果頓に勢を挽回し北上して赤軍を擊破し、數ヶ所の土地を占領し、波軍の危急を救ひ、且同軍をして攻守その位置を轉せしめ、赤軍をウアルシヤウより擊退し殆んど混亂に陷らしむるに與かつて功があつた。

之より先き墺太利軍より脫退して露國軍に加はり奮戰力鬪しつゝあつた、チエウコ・スロヴアツク族の軍隊は過激派政府がブレストリトウスクの講和を結ぶを見るや、先づ第一着に反過激派に應援して赤軍に反抗し、而して又西伯利の荒原を橫斷して太平洋の波濤を蹴破して更に米大陸を經て西部戰場に出で、再び獨墺軍と砲火の間に相見へんとしたが、過激派政府は西伯利に在る獨墺俘虜と結託して極力之を阻止せんとした。茲に於て英佛米の聯合諸國はチエッコ・スロヴアック軍の援助を名として西伯利に出兵する事となり、我が日本も亦共同出兵の議を決し一九一八年八月二日浦鹽出兵の宣言を發布した。

斯くて大谷大將を浦鹽派遣軍司令官に任じ、第十二師團第三師團並に滿洲駐劄部隊より分遣せられた第七師團を率ひて沿海洲及貝加爾湖以東の過激派軍及び獨墺俘虜軍を掃蕩し、西伯利東部を無政府狀態より救ひ、セミヨノフ軍隊並にチエッコ・スロヴアック軍との聯絡を維持せしめ、彼等をして漸次東進せしむるの道を拓き與へ、且つ更に聯合諸國と協同して西伯利鐵道、東支鐵道を管理するに至つた。

從來西伯利は露國革命後その各地に獨立政府樹立せられ、混沌たる形勢を示して居たが、我が軍の過激派軍及び獨墺俘虜軍を討伐驅逐してより、各地の獨立政府は自然消滅し、一九一八年九月下旬にはウオルゴツトスキーを首長とするオムスク政府と極東の長官であつたホルウアツトの政府のみが殘つたが、此の兩者の間に間もなく妥協成立し、茲に始めて西伯利に於ける統一政府が建設せらるゝ事となつた。次で十一月上旬歐露に於てアウクセンチエフを首班とするウフア政府も亦ヴオルゴツドスキーの政府と合併することゝなつた。然るに合併後のヴオルゴツドスキーとアウクセンチエフとの意見兎角一致せず事毎に衝突を見るの有樣であつた。此の兩者の不和は軈て同月中旬政變を突發するに至りその結果アウクセンチエフは追はれ、コルチヤツク提督入つて最高獨裁官となつた。是れが一府西伯利全體を統一し、聯合與國に依つてその權力を認められて居つた所謂オムスク政府なるものである。

コルチヤツク提督のオムスク政府成るや聯合與國は之に對して期待する所が甚だ大であつた。聯合與國はオムスク政府をして過激派を剿滅し、露西亞を全部統一せしめんと望んだ。隨つてその援助を惜しまず、承認問題さへも傳へられた程であつた。

斯くてオムスク政府と聯合與國とは軍事規約を締結し、コルチヤツクは最高司令官と爲り、佛蘭西のジヤナン將軍は戰線司令官となり、過激派の討滅に從事した。而してオムスク政府は聯合國の援助の下にウラル山脈地方に於て久しく過激派軍と對峙し、常に戰鬪を支へ討滅を期したけれども、互に一張一弛を繰返すに過ぎず、決定的勝敗を見るに至らなかつた。

一九一九年巴里聯合國會議の開催せらるゝや聯合與國はオムスク政府は事實上の露國政府として承認すべく、之れに對して憲法議會の召集、地方自治團體との事務統一その他舊露國と聯合國と聯合國との間の條約の承認、民族自決、芬蘭等の獨立承認等の希望條項を提議した。然るにコルチャックは憲法會議の召集や、民族自決等を以て露國の內政に干渉する嫌ありとし、聯合國の希望條項全部の認容を躊躇したので、聯合國も亦一時乘氣になつて居たオムツク政府の承認を延期する事に決した。

既にして、過激派政府は俄にその守勢を轉じて攻勢に出で、コルチャック軍に對して猛襲を加へて來た。オムスク政府軍は極力防戰に努めたが、一九一九年の夏ウラル戰線に於て遂に敗北の憂目に遭ふ事と爲つた。是れ以來コルチャックの戰勢甚だ不振を極はめ、日本に對してウラル出兵を懇請したけれども、日本は內外の形勢に鑑みて之を拒絕し、又英佛の如きも進んで武力的援助を爲さゞるのみか、歐露に於ける反過激派軍の不振に顧みて露國援助打切りの方針を發表するに至つた結果過激派の氣勢を增長せしめたるに反し、オムスク政府の氣勢は益々挫折した。

九月中旬歐露方面に一時反過激派軍の勢力勃興を見たので、オムスク軍も頽勢を挽回し、一度敵を西方に壓迫するの優勢を示した。然るに間もなく十月中旬に至り再び戰勢逆轉して過激派軍の急追を蒙り、退却、敗北相踵いだ後、十二月遂にオムスクを敵手に委するに至つた。コルチヤツクはオムスク撤退後政府をイルクーツクに移し、コザツク軍の首領セミヨノフ等と相結びて再擧を謀らんとしたが此の時既に極東三州は過激化し、西伯利の人心はコルチヤツクを去つて居たので、社會革命黨はコルチヤツクに叛旗を飜へし、勞兵會及び土地團體等と聯合して、一九二〇年一月ヨウドロウイツチを總裁とせる新政府をイルクーツクに樹立し、コルチヤツクよりその政權を奪つた上、越へて二月コルチヤツクを死刑に處し名實共にオムスク政府を滅ぼして了まつた。

コルチヤツクの失脚以來、極東露西亞は再びその局面を一變した。乃ち之れを動機としてブラゴヱシチヱンスク、ニコリスク、ハバロフスク等の沿黑海兩州の政權相踵いで革命軍の手に歸し、一九二〇年一月下旬浦潮も亦その顰に倣ひ、玆に極東露西亞を擧げて過激化するに至つた。是に於て日本政府は極東の治安を維持するの必要上、軍を西伯利に增派せんと欲し、北米合衆國政府に交渉する所があつたが、合衆國は俄に態度を改め、自國の西伯利派遣軍を撤退し、一九一九年以來聯合國と協同して管理せる西伯利鐵道の管理を辭するに至つた。

極東三州の過激化は我が西伯利居留民の生命財産を脅威する事となつたが、之が爲め我が居留民にして彼等の殘虐暴戾なる毒手に罹るもの決して尠くなかつた。特にニコライヱフスクに於て未曾有の慘劇が狂暴なるパルチザンに依つて演出され、我が官民の虐殺に遭へるもの三百有餘名に及び、大に我が國論を沸騰せしめた事は吾人の耳に尙新なる所である。

之れより先き極東三州の險惡なる狀態に鑑み、帝國はその立場の上より到底その儘に放任して置く譯に往かなかつたので、三月三十一日一の宣言書を發表して我が態度を中外に宣明したる上、我が居留民の生命財産の保護並に接壤地の安定

からざる大なる溝渠が存したことを次第に自覺した。蓋し啓蒙思想家によれば、人間とは理性又は理智の動物であつて、理智の發達が最高の人間生活と考へられた。然るにルッーに取つては、斯やうな理智的思想は、人間を表面的に又は皮相的にしか考へないもので、如何にしても眞の中心生命に觸れないやうに感せられた。知識が發達し事物の條理が精しく知られたからとて、それで、道徳が高まつたり人間生活が幸福に導かれたりするとは、如何にしてもルッーには考へられなかつた。殊に當時フランスの社會生活を觀れば、或は古典的に或は理智的に、有らゆる煩瑣な禮法や規律やが制定されて、此等煩瑣な規矩に準應することが直に人間の生活であるやうに考へられた。すべて自然を曲げた人爲的な人工的な規律と秩序と、それがさながら人間生活の精髓でゞもあるやうに信せられた。不自然な法規や習慣や禮法やが人間生活を窒息させるほど累積され蓄積された。いづれの方面を眺めても、すら〳〵とした素樸な自然の姿は見られなかつた。斯やうな理智や常規の發達は、果たして人間の眞生活に本質的關係を持つたものであらうか。斯やうな不自然な狀態が果たして人間の眞生活と言はれるであらうかと。これがルソーに取つての根本疑問であつた。

此の點に關して吾々は次の重要な一事を記憶しなければならぬ。ルソーは理智の人であつたよりも寧ろ感情の人——最もすぐれた意味に於て細かく强く深い情緒を備へた人物——或は寧ろ極端に神經過敏の人物であつたと言はれる。故に彼れが自己の生活を基礎として人間生活の實相を瞑想したとき、それが單に冷靜な理智の蓄積に過ぎないとは、如何にしても彼れには信せられなかつた。故に彼れに取つては、人間の眞生命は、決して理智的なものでなく、寧ろ反理智的とも見える感情——すべてを支配しなければ已まない情緒であるとしか考へられなかつた。斯やうな情緒的眞生命は、單に理性や知識が發達したとて、直に一層完全な發達を遂ぐべきものとも考へられない。却つて倒まに理智のみの發達は眞の情生活の自由な伸張を妨げるかも知れない。現に古今の歴史に徵しても、理智の發達は眞の文明の發達卽ち道德宗敎の發達に殆ど全く無關係(或は有害)であることが明白であると。これがルソーの有名な文明呪咀論——啓蒙的文明否定論であつた。

現代の理智的又は人工的文明は、更に他の一層重大な方面から否定され呪咀さるべきものと考へられた。個々の人間は、人間としての自然の狀態に於ては、すべて、美しく自由な人格の所有者であるから、此の自由な人格は、出來るだけ其のまゝ自由に自然に發達されなければならぬ。然るに近代文明の進步の跡を見れば、此の自由を防害し禁止すべき有らゆる不自然な道具や機械が充滿してゐる。獨立獨步であるべき人間が、すべて不自然な束縛を受けて、極めて不自由な生活に苦んでゐる。財產の不平等、敎育の不平均、社會上の位置の不平等、法律上の權利の不平等、これ等はすべて人間本來の獨立を否定せんとする不自然の束縛であつて、斯かる不自然な束縛に苦んでゐるかぎり、人間の獨立性――天賦の尊い人權は遂に磨滅し消亡しないことを保證しがたい。故に現代文明は人類自然の自由にして平等な生活を否定して、有らゆる意味に於ける不平等不自由不自然をます〳〵强め且增さんとするものに外ならないと。ルツソーの有名な「自然に返へれ」は、卽ち斯かる根本信仰を地盤としたものに外ならない。

ルツソーの所謂自然又は自然狀態とは何を意味したか。單に文明狀態に對する野蠻狀態のみが所謂自然狀態であつたとすれば、斯やうな狀態が決して彼れの憧憬の的でなかつたことは言ふまでもない。所謂文明狀態は彼れに取つては人生の本然を離れた似而非文明であつたのだから、自然狀態とは即ち人生本來の狀態――人生がまさに然かあるべき本然の狀態――似而非文明によつて邪道に導かれない眞面目の狀態に外ならない。斯かる本然の狀態をば、ルソーは彼れに獨得な一種樂觀的な單純な而して一種理想的な傾向に基づいて、一種善美な理想狀態のやうに想像した。即ち現代に於ける各種の道德的罪惡は、畢竟似而非文明が持ちきたした不自然な結果であつて、人類の自然狀態に於ては、斯くの如き缺陷や罪惡やは曾て存せなかつたと想像されなければならぬ。反對にまつすぐな眞純な而して善美な性質が總ての人類に共通な自然性であつたと考へられる。そして其の間に今日の如き人爲的な不自然な社會制度や習慣やが無かつたのであるから、人類は生れながら、皆平等であつて、其の間に何等の階級的差別も社會的不平等も無かつたと考へられなければならぬ。人類は人類としてすべて平等である。平等な生存權を有し、平等な權利を備へて、すべて神の子としての貴さを所有してゐた。それが人類の自然狀態に外ならないと。平等的であつたこと並んで、自然狀態に於ては、人類は今日の如く奇異な理智一遍の怪物ではなく、寧ろ眞純な天眞爛慢な感情に活きた者と想像されなければならない。理智は現代文明特殊の產物である。けれども斯やうな理智の發達が人間としての吾人に極めて淺薄な影響しか與へ得ないとすれば、人類の中心生命は決して斯やうな理智ではなく、寧ろ一層純粹な一層深い感情であると言はなければならぬ。眞純な感情生活が卽ち人間の眞の生活であつて、人間としての特殊な點も主として玆に存すると言はなければならぬ。さればルツーは、エミイルの敎育に於て決して理性の發達を主眼とせず、寧ろ啓蒙時代の此の風潮に反對して、飽までも人間として彼れを敎育すること、卽ち感情の根抵から人間として彼れを開發させることを主眼とした。そこにルツー獨得の敎育觀が有つた。ルツーみづから眞純な感情の人であつて、決して理性一方の人でなかつたことは、明らかに斯かる人生觀の基礎であつたに相違ないが、然しながら吾人はこゝでルツーの此人生觀が如何に深刻な影響を後の文藝思潮に與へたかを記憶しなければならぬ。蓋しルツーが當時やがて勃興せんとしたロマンチシズムの先驅者と呼ばれた所以は、主として此の點に存したからである。

卽ちロマンチシズムの文藝は、次の章に於て說明せんとする如く、簡單に言へば感情の文藝――淺薄な理智を斥けて情生活そのものを主眼とした文藝であつて、ロマンチシズムの此の傾向は、勿論時勢の必然的產物ではあつたが、其の顯著な源をば主としてルソーに發したと言はなければならぬ。有らゆる意味に於て、極端に理智を斥けて感情を揚げたがルソーであつて、此の點が實にロマンチシズムの根抵を成したのであつた。

理智主義から感情主義へ、理性主義から人間主義へ、而して功利主義から人格主義へ廣くヨーロッパの思潮を誘導した者は實にルソーであつた。ルソーは此の意味に於て確に人生價值轉換の奇才であつたのである。

第三章　ロマンチシズム

第一節　ロマンチシズムの意義

十八世紀の後半期から十九世紀の初へかけて廣くヨーロッパの精神界を支配したものをロマンチシズム（Romanticism）と名

づけ、特に其の文藝をロマンチシズムの文藝と名づける。ロマンチシズムの文藝はまさに十七世紀の古典主義の文藝並びに十八世紀前半期の啓蒙主義の文藝に對立さるべき全ヨーロッパ的傾向であつた。こゝでは細かにロマンチシズムが發生するに至つた外的事情を述べる餘地が無い。それは明らかに時代の一大進歩であつたと觀察されなければならぬ。然かもロマンチシズム發生の直接因緣は明らかに前代を支配した極端な啓蒙思潮――卽ち千篇一律な主智主義的傾向であつて、人間の深い感情生活は勃然として前代の此の主智的傾向に反抗するに至つたと解釋されなければならぬ。隨つてロマンチシズムが發達した時代は、假令其の期間こそは十八世紀末から十九世紀の初へかけての短期であつたとはいへ、近代文藝史上最も華やかに且最も活潑な時代であつたと觀測される。殊に此の時期の特徵は、單に純粹文藝のみならず、他の一般の文化就中哲學と宗敎と道德とが不思議に文藝を始め廣く藝術と融合して、藝術哲學宗敎が完全な一體として活潑に作用したこと是れである。隨つて此の時代の文藝家は、同時に卓越した意味に於て哲學者でもあり又宗敎家でもあつて、殊に宗敎と文藝とは殆ど一身同體のやうにさへも考へられた。ドイツに於ては例へばノヴァーリス、そしてイギリスに於てはウォルヅヲルス等が最もよく此の傾向を代表してゐた。故に此の時代は藝術哲學宗教等の文化が最も統一的に若くは體系的に發達した時代であつたと觀られる。而して斯くの如き精神的若くは文化的運動は、單にヨーロッパの一國若くは一隅に發達したばかりでなく、實に全ヨーロッパの各國各地に自然に且必然的に發生した全般的運動であつた。たゞ發生の順序や傾向から言へば、ドイツのロマンチシズムは最も顯著な運動であり且最も自然に且强烈なものであつたが、然しながらイギリスのロマンチシズムにはイギリスの特徴が有り、フランスのロマンチシズムにもフランスの特徴が有つて、それぞれ自發的自然的且獨得な傾向を備へたものであつたは言ふまでもない。たゞロマンチシズム本來の特質から言へば、ドイツのそれは最も深く固有の民族性に根ざしたものであつて、其の點に於て最も强くロマンチシズムの精神を發揮したものであつた。古典主義は主としてフランスのもの、啓蒙思潮は主としてイギリスのものと解釋することが出來れば、ロマンチシズムは確に主としてドイツのものであつたと說明することが出來る。吾々はそこに既に此の文藝の大體の特徴を想像することが出來るのである。

英佛獨それ〴〵のロマンチシズムを觀察するに先だつて、吾人は全體のロマンチシズムの大體的特徴を概括して置く要が有る。殊に前代の古典主義や啓蒙思潮から、先づ概括的にロマンチシズムが區別されなければならぬ。

(一)吾人は先づ啓蒙思潮を一貫した理智主義の文藝が主として客觀的であつたに對して、新興のロマンチシズムが主として主觀的であつたことに注意しなければならぬ。理智主義の文藝は、いづれかと言へば理解を重んじ精確を尊み鮮明を期したが故に、事物を客觀的に觀察して、其の條理を明らかにすることを主眼とした。廣い意味に於ける寫實主義や自然主義やは客觀的態度の必然的結果であつて、客觀的態度を取るかぎり、文藝は必然客觀的描寫に進まざるを得なかつた。デュボア等の自然主義や、デフォー等の寫實小説やが此等の傾向の代表であつた。然るにロマンチシズムの態度は甚しくこれと違つてゐた。最も顯著な意味に於て主觀的であつたが其の特徴であつた。即ち客觀的明確は必しも其の主眼でなく、いづれかと言へば、深く々々主觀の世界へ進入し、そこに客觀世界とは異なる持殊な生活を發見しようとしたがロマンチシズムの特徴であつた。故に客觀主義の文藝が精確な理智を尊重したに對して、ロマンチシズムは主として想像により直覺に訴へて、直に最も深い生活の根抵へ迫らんとした。理智に訴へたが故に客觀主義は出來るだけ忠實に現實の生活を寫し取らうとしたに對して、ロマンチシズムの文藝は、假令現實生活を超越しても、出來るだけ華やかに美しい理想的世界――ファンタシーの世界を追求して已まなかつた。隨つてロマンチシズムは、精確よりも鮮明よりも、主として深刻と理想的と直觀的とを眼目とした。主觀的な理想世界がどこまでも其の追求の的であつた。理想世界は現實とは異なる善美の世界を意味する。現實を超越した圓滿完備の理想世界は、實に多數ロマンチシストの追求の世界であつた。ロマンチックといふ語は、固と傳奇的とか史傳的とかいふ意味を備へて、尋常以上に興味深い奇異なものといふことに外ならなかつた。最も極端なロマンチシズムに至つては、單に想像の世界といふよりも、寧ろ空想の世界又は奇怪な世界をさへ目的として、荒唐なれば荒唐なるほど奇怪なれば奇怪なるほどそれは與味深いものと考へられた。斯くの如きは勿論ロマンチシズムの弊であつて、必しも其の中心生命ではなかつた。然かも客觀の現實世界を疎外して、主として主觀の想像世界に走つたことは、ロマンチシズムの文藝をして甚しく非現實的に空想的に又荒唐的にさへも陷らしめた所以であつた。斯くて現實の廻避といふことが、さながらロマンチシズムの文藝に必須な條件であるやうに考へられた。蓋し千篇一律にして淺薄平板な啓蒙思潮を受けついだ當時の社會乃至文明は、其の中に何等の深みも何等の濕ひも味はひも無くして、餘りに乾燥無味に散文的であつたゝめ、當時のロマンチシストは、然斯かる現實を嫌つて、反對に非現實的な空想的な或は夢幻的な世界へさへも向かつて突進したのであつた。後段に概說せんとする如く、例へばドイツのロマンチシズムを代表したチークやノワーリス等は、餘りに散文的な餘りに乾燥無味な現實を嫌つて、出來るだけ非現實的な夢幻的なメールヒエン（童話又は仙話）の世界へ向かつて進んだのであつた。想像又は夢幻そのことは、直に美とも藝術とも考へられたほどであつた。すべての現實味を破壞して、一切を美しく夢幻化することが藝術とさへも考へられた。

此の意味に於て、當時のローマンチシストに取つては、ヨーロッパの中世紀は恰も彼等の憧憬の世界であつた。古典主義者に取つて、古代ギリシャ又はローマが典型の世界であつたやうに、ロマンチシストに取つては、一層主觀的な一層理想的な中世紀文明が典型乃至理想の世界と考へられた。斯かる回顧的な若くは歷史的な傾向はまだ當時のロマンチシズムに普通の傾向であつたと言はれる。

(二)ロマンチシズムの文藝の第二特徵として吾人は其の顯著な情緒的若くは情熱的傾向を指摘することが出來る。精確に言へば、此の傾向は前段に擧げた第一特徵に屬するもの、又は第一特徵からの必然の結果とも見られるが、殊に其の中の重要なものであるから、こゝでは便宜のため特に第二特徵と名つけたのである。即ちロマンチシズムの極端に主觀的な傾向は、それがおのづから情緒的に又は感情本位に向かふ所以であつたが、感情本位といふことが元來ロマンチシズムの立脚地であつたことを吾人は記憶しなければならぬ。蓋し啓蒙思潮や唯理思想は極端に理智を尊重した傾向で、ロマンチシズムは此等前代の風潮に對しての最も激烈な反抗であつたのであるから、能ふかぎり理智を斥けて感情本位情緒本位の立脚地に立たうとした。ロマンチシズムの先驅と言はれたルソーが、夙に此の傾向を代表して、鋭く理智に反對したことは、既に前章の終に述べたとほりである。されぱルソーと同じく、當時のロマンチシストは、人間生活の根抵又は奥義をば、決して理智とは考へず、寧ろ感情又は情熱そのものであると考へて情緒を精神活動の中心と觀たのである。一層適切に言へば、ロマンチシズムの運動に參加した詩人思想家たちは大抵年若な青年であつたから、彼等みづからが本來情緒の人又は情熱の人であつて、小ざかしい理智はどこまでも彼等に取つて嫌惡すべきものに感ぜられた。斯くてロマンチシストは最初から情熱的藝術家であつた。されぱロマンチシズムの文藝は、冷やかな理智や技巧や、精確な觀察や寫實やを生命とするものではなく、寧ろ深い感情や微妙な情緒やを其のまゝに表現することを眼目とした。殊に戀愛に關する複雜な情緒は、此の派の人々が最も好んで詩や小説の題材としたものであつた。此の情緒本位といふことは、勿論前段に記した想像的又は直覺的といふこととゝ密接に關係して、想像作用によつて感情の奔騰を寫出すといふがロマンチシズムの根本特徴であつた。卽ち非現實的な空想的な夢幻的な美しい情緒の奔騰がロマンチシズムそのものであつたとも言へる。斯くて條理な尊み規律を重んずる古典主義や理智主義やは、飽までロマンチシズムの敵とするところであつて、反動の勢ひ、寧ろ無規律に無條理に、たゞ一種情熱的に夢幻的でさへあれば、それが直に立派な藝術であるやうにさへも考へられた。そこに此の派の文藝の長所も有り又短所も存したのであつた。

(三)ロマンチシズムの第三特徴として、吾人はそれが特殊な意味に於て天才主義(Ge-nialitat)の文藝であつたことを記憶しなければならぬ。當時のロマンチシスト――殊にドイツのロマンチシストは殆ど共通的に一種の排俗的傾向又は態度を備へてゐた。現實世界が無味平板であるとほり、多數民衆は功利一遍快樂主義一遍の俗衆に過ぎない。高い理想や美しい趣味は全く彼等に求められない。醜惡な俗人根性(所謂 Philisterhaftigkeit)は、どこまでも彼等の本質であると考へられた。斯かる俗人社會から離れて、彼の美や藝術を創造せんとする者は卽ち天才に外ならない。カントやフィヒテは、人間の人格――主觀的人格をば、法則や道德やを造出す立法者であると解釋したが、ロマンチシストは此の立法者の意味をば全く藝術的に解釋し、因つて藝術的立法者――美しい藝術を創造する者をば眞の自我卽ち天才であると說明した。故にロマンチシズムの解釋によれば、藝術家卽ち藝術的天才は何等他から與へられた規律によつて束縛される者でなく、自己みづから絕對の立法者であるが故に、天才が創造した藝術品は、それが天才の創造であるが故に美であると主張された。換言すれば、藝術家は絕對の意味に於て藝術の創造者であつて、美とは卽ち天才の所與に外ならないと主張された。ロマンチシズムの文藝が如何に特殊な意味に於て世俗を超越した高遠な風格を備へたものであつたかゞ此れによつて容易に推察されるであらう。されどこれと同時にこゝに記憶さるべきは、多數のロマンチシストは決してたゞ放縱放埒を目的とした者でなく、反對に寧ろ獨得な意味に於て强く理想主義的であり、强く道德的又宗敎的であつたことゝ是れである。前にも記したとほり、ロマンチシズムは藝術道德哲學宗敎等を打つて一丸とした統合的文化運動に外ならなかつた。彼等の詩や藝術やは、直に宗敎そのものであるとさへも信ぜられた。藝術を以て宗敎となし道德とさへも成さうとしたが彼等に普通の傾向であつた。隨つて藝術的美と道德的善とは極めて親密不離な關係のもの、藝術美は其の中に一切を包含するものとさへも信ぜられた。此の意味に於てロマンチシズムは、廣い意味の理想主義の脈を引いたもの、否寧ろ理想主義を特殊な形に發達させたもので、根本に於てはどこまでも理想主義的精神を基礎としたのである。

第二節　ドイツ理想主義の文藝

歐洲ロマンチシズムの發生及び發達を概觀するためには、先づドイツ・ロマンチシズムの發生及び發達を概觀するを便利とする。ロマンチシズムの特色はドイツ國に於て最も濃厚であり深刻であつたからである。然るに此のドイツ・ロマンチシズムの發達を概觀するためには、先づ廣い意味に於ける理想主義の文藝——ロマンチシズム發達の地盤であつたドイツ理想主義の文藝の發達を概觀しなければならぬ。ロマンチシズムに先だつた理想主義文藝とは、ドイツ近代文藝の最初のものであつて、彼のヰンケルマン、レッシング、ヘルダー等の文豪を初めとして、更にロマンチシズム時代まで續いたドイツ文化の理想と言はれるシレル及びゲーテ等の大詩才に至るまでの廣い舞臺を指して言ふ。ロマンチシズムといふ言葉を最も廣い意味に用ひて殆んど理想主義と

とによつて政治を行ふことを得ることとなつたので、市、町、村は市町村民が之れを治めるといふ自治の本義が體現せられたのである。されば今日に於ける自治法の要件は

(一)　一定の地域

國家は一定の土地を有し、市、町、村は其の一部に於て自治を行ふのであるから、一定の地域を定めて、其の範圍内の住民を以て構成の分子とし、且つ其の一定の地域内に於てのみ自治權を行ふことが出來るので、何々市、何々町、何々村といふは、皆一定の地域に限らるゝことはいふまでもない。

(二)　住民

如何に地域があつても人がなければ自治は行ふことは出來ないのであるから此住民なるものは市、町、村團體構成の要素で、これは單に其地域内に住所を有するもので、此中に於て一定の要件(例へば日本帝國の臣民であるとか、法律の定むる期間其の土地に住して居るとか、地租を納めて居るとか、或は六年以上の懲役や禁錮の刑を受けぬとか、禁治産になつて居らぬとか)を具へて居るものを公民とし、これ

に自治團體の構成に參加するの權利あると共に自治事務を擔任すべき義務を有するものとし、選擧權、被選擧權を與へてある。

(三) 國家の間接行政機關

自治體は自存の目的を以て立つのであるが、それは公共團體として國家行政の目的に合致し其の間接機關として國家の權利を行ふので、私人の目的のために仕事をすべきではない。

(四) 法人

自治體は自分自からの人格を有して、他の官廳の國家政治の機關たるとは趣きを異にし、權利義務の主體となることが出來るから、時には其の市なり町村なり公共のために監督官廳の許可を得て市債なり町村債なりを起すことも出來るのである。

かく自己の住む所の市なり町なり村なりが自治となれると共に、これらを包括せる府なり縣なりは又自治團體として其の地域內に於て代表者卽ち府縣會議員を選出して其の事に當らしむることが出來、更らにこれらを包括する國家は帝國憲法の定むる所によつて帝國議會なるもの開かれ、法律の定むる所により全國より代議士を選出し、其の協賛を經て法律は定められ、歳入歳出は決せられ、從つて人民の守るべき法律は人民の代表者によつて議せられ、人民の負擔すべき租税も亦此機關を經て決せらるゝこととなつたのであるから立憲政治は廣い意味の自治であるが、國家のことは全般に亘つて統一を必要とするのであるから其の執行は國家の任命したる官吏が之れを行ひ、府縣は最上級の地方團體なるが故に、之れを國家の行政區劃として中央統治と關係することと多きが故に、官治の範圍廣くして自治の範圍は比較的狹いが、市、町、村となると自治の範圍は廣くして、官廳は之れを監督するといふ程度に止る位であるから其の執行も、國家の任命したる官吏でなく、市町村の公民が自由意思を以て負擔する特別義務として其の團體の事務を行ふので給料の支給を受けない名譽職を以て原則とし、且官廳に於ては各省大臣が省令を發し、府縣知事が府縣令を出すことが出來るが、市町村長は單獨に法規を制定することを許さず、必らず議決機關に付議して其の協賛を得なければならぬので、其の專斷を許さぬので、これは國家の政治は市町村の事務の如く單純ならず、且つ緊急處決を要することもあり、一々議會を召集するの煩雜なるに引きかへ、市町村に於ては住民との利害密接にして、且つ會議を召集するも容易なるがために此專斷を許さざる所に却て自治の意味は徹底して居るのである。

地方自治に關しては尙ほさまざまの規定があつて、專門の研究を要するのであるが、其の精神の基調となるものは公共の精神といふの外はないので、此精神を欠いでは如何に制度が完備しても決して圓滿に行はるべきものではない。

第貳節　自治の精神方面

一　近代人心の趨勢

自治の制度は完備しても、自治の今尙ほ圓滿に行はれないのは何の爲であらう。大は一國の政治を議すべき帝國議會の醜態、小は市町村の自治の頹廢に至るまで、其の間一貫せる原因が存するのではあるまいか。英國の有名なる民主政治の研究家ジェームス、ブライス氏は、すべての民主政治墮落の原因を尋ねて(一)人民の無知(二)利己心(三)怠慢と云はれたが、自治頹廢の根本原因は此利己心を中心として、其の爲めに公共の利害に無知となり、又怠慢となるのに外ならない、蓋し此利己的傾向なるものが、近代人心の趨勢で此の爲めに折角の自治制も圓滿に行はれざるに至るので、一切の頽廢これより生ぜざるはない。

何が故に此の如く利己心が旺盛になつたかといへば、これは從來の社會階級が打破せられて人類平等の思想が徹底するにつれ、實力本位となつて激甚なる自由競爭が行はれ、經濟上に優勢なるものは社會の上流に浮び、劣弱なるものは下層に沈んで、曾ては貴族階級として町人百姓を劣視したものも、金がなければ今は彼等の前に頭が上らなくなつたから、他人のことよりも自己の事、否な他人に迷惑となるとも、自己の利益になることなれば敢てするといふ氣風となつたので、町村民の義務として公共の事に從ふといふ高尙なる精神はなく、直接自己の利益になることとなればやるが、さもなきことは之れを等閑に付するといふことになつて、市町村の如き自己の鄕土を愛するの精神が失はれたのである。

これのみならず、交通の便開けてより各地に轉住するものが多く、商工業の發達は都會へ集注の弊を生じ、農村の者は都會へ〳〵と集まり、都會の者は利を追ふて轉々して住居の一定せざるがために愛鄕の精神を失うて一定の地域內に於ける自治團體の利害に就て、深く考へなくなつたといふも確に一つの原因である。

一國に愛國心が必要であるやうに地方には又愛鄕の心があつて一國の獨立も、地方の自治も圓滿に行はれるのであるが、世界的なる氣運が愛國心を消耗せしむると共に又此愛鄕心をも減殺してたゞ自己といふことのみを目的とするやうになつたのである。併し前にもいふ通り自己の存在は國家あつて保障せられ、自己の完成は國家あつて出來、其の國家を全とすれば地方は分で、全は分によつて成り、分は全によつて統一せられ、國家として統一せらるゝ官治と、地方として任されたる自治と相待つて全と分とは相互不離の關係を完うするのである。此精神の敎養が自治完成の基調となるものである。

二　世界と國家

然るに近來は世界主義を高調して國家といふことをも輕視する傾向があつて、國家なぞいふことを陳腐とし世界人類を標的とすべしとの主張をするものもあり、特に精神方面に於ては國家主義を偏狹とし世界主義、人道主義を高しとするほどで地方自治なぞは殆んど論外に置かんとするものもないことはないから、こゝに世界と國家との關係を一言して置くことも不用ではあるまいと思ふ。

もとより吾等の理想は世界の平和、人類の幸福であつて特に一國の爲めに他國を犧牲に供し、一民族の爲めに他の民族を壓抑する偏狹なる國家主義を排斥することに於て彼の世界主義者に讓るものではないが、されぱとて國家の存立を忘れなければ世界の平和人類の幸福は計られないといふ空想的な論議に贊成することの出來るものではない。否な寧ろ世界の平和、人類の幸福は此國家あるによつて保たれるものたるを疑はないのである。國家は實に人類が平和を維持し幸福を增進せんために創造したる一大發見である。勿論、其の創造より今日に至るまでには或は權力者の暴横に苦み、支配者の野心に驅られ、時に平和の攪亂せられ、幸福の蹂躪せられたることがないではないが、長き歷史は次第に當初創造の目的を貫徹して內には立黨自治の制度となり、外には國際條規の認めらるゝやうになつて、僅かながらも民族的より人類的に交戰的より協調的になつて漸次に理想に近くなつて來たのであるが、世界の文化は未だ同一程度に進まず、利害も亦全然共通といふまでに至らぬから渾然として世界は一家、宇内は同胞とまでには達せず、時に相侵害する傾向がないではない。これを防止して平和を維持し安全を保障するには國力の均衡といふことが必要となり、勢ひ國家を中心とせざるを得ないので、今若し一民族あつて國家といふ制度を放棄せんか、勢ひ他の國家の下に隷屬せざるを得ざることになつて國力の均衡は破れ世界の平和は攪亂せらるゝので、少くとも今日の狀勢に於て國家の確立は世界平和の保障であり、人類幸福の支持である。今日に於て世界主義を唱へて國家の存立を撥無するものは、現狀を知らざる空想論者か、然らずんば他國の暴橫を認容せんとする沒分曉漢か、世界の擾亂を誘致せんとする短見者流である。

かく云へば或は一應はさることながら、時には世界の平和と一國の獨立とが衝突し、人類の福祉と國民の利害とが矛盾する場合が生ずるではないかといふものがあるかも知れないが、それは舊時代の國家觀念を以て現代を論ずるので、舊時代の國家は帝王の國家であり、支配階級の國家であるが、現代の國家は人民の國家であり、其の國家の方針をして世界の平和、人類の幸福と一致せしむると否とは國民多數の意志によつて決するのであるから國民の眼光を大にして世界の平和、人類の幸福なる道義的精神に行動せしむるやうに敎養することは最も必要であると共に、其の平和を攪亂し幸福を蹂躪するものを阻止するだけの國力を養ふといふことは單に國家存立の上のみでなく世界の平和、人類の幸福のために必要なのである。

三　國家と地方

人類の理想は國家を創造し、其の國家を基礎として更に高き文化開展に進まんとするのであるから國家は實に現代に於て最も完備したる社會である。其の地域關係に於ては國家よりも廣き世界があり、こゝに國際社會と名くべきものがあるが、其の結合力は國家ほど鞏固なものでないから相互關係し影響する所はあるが未だ渾一體となつて居るとは云はれぬ、之れに反して國家は統治の權能を以て其の社會を結合し其の各個人を一分子として結合して居るのであるから國家は一身の如く各個人は其の組織の要素たる細胞の如きもので其の國家の中に地域を劃せられたる各地方は手たり足たり腹たり胸たるものであつて、國家を全とすれば地方は分、分は全によつて統治せられつゝ分自體の能力を發揮し、全は分によつて成立して其の統一を計つて初めて健全なる身體を成す如く、地方と國家とは離るゝことの出來るものでないが、時には全のために分を犧牲に供せねばならぬ場合がある、此時に當つて分の安全のために全體の福利を顧みないのを地方感情というて國家政治の上に避くべきことたるは身體に腫物の出來た場合に其の部分が氣の毒であるとて切らなければ終に毒が全身に廻るやうなものであるから全のためには分を犧牲に供することが、やがて又其の部分の利益となるので、更にこれを小さくして市なり町なり村なりを全とすれば一部落は分であり、一部落を全とすれば個人は分である。　此分が全を思ふ心を公共心と呼ぶのである。

四　公共心と自我の擴大

公共心といふのは小なる我を棄てゝ大なる我に向ふ心で、之れを分析すれば分より全に向ふ奉公。心と分と分とが結合して全に亘る共。同心との二つになる、最も卑しい人は小なる個人我に執着して父母のことも、妻子のこともわすれてたゞ自分のためといふ自利主義、爲我主義となる、これでは倫理も道徳も立つものではない。勿論、かゝる自利主義の人は倫理も道徳も立たなくとも自分さへよければといふであらうが、其の自分をよくするには人と人と相和す倫條あつて初めて成り立つので、父子相爭ひ、夫妻相排して、どうして自己の安慰が得られやう、自分を思ふやうに父母を思ひ妻子を思ひ、他も亦思ひやつて安らけきを得るばかりでなく、冷やかな利害の關係からいふと家族は相互扶助によつて一家の繁榮を致されるのである。されば自分を思ふやうに家を思ふに至つて此自我を少しく大ならしむることが出來、自己の家を思ふが如くに向ひ三軒兩隣を思ふて此自己更に大に、向ひ三軒兩隣りを思ふやうに一部落を思ひ、一部落を思ふやうに市なり町なり村なりを思ふに至つて自己はいよ〳〵大、而して更に市町村を思ふが如くに府縣を思ひ、府縣を思ふやうに一國を思ふに至つて自我はいよ〳〵大にして、人格も亦ますます高きを得るので古來の志士仁人皆な分を棄てゝ全に向ひ、小我を棄てゝ大我に向ふにあらざるはない。若し其れ更に〳〵此自己を擴大して自ら思ふが如くに世界人類を思ひ、一切衆生を思ふに至つては聖者の芳躅、宗教の眞諦、此芳躅を慕ひ、此眞諦に據り、以て國家に及ぼし鄕黨に及ぼし一家に及ぼす上に公共心は發現するので、公共心は自我を棄てるにあらずして却て自我を大ならしむるので、之れを佛敎では無我の大我といふ、思ふ所大なるが故に能く私を棄てゝ公に奉じ、他を見る自の如きが故に能く共同一致す、此心を敎養するにあらざれば到底自治制度を圓滿に運行することは出來ない。自治とは自ら治むるのである。此自らは小なる我にあらずして大なる我卽ち地方我、國家我を治むるのである。我は國家の一民として一地方に住居し、地方と利害を共にし、國家と休戚を同うす、地方は我の大なるもの、國家は更に其の大なるものと見て、眞の自治は成るのである。

第三節　佛敎の應用

一　佛敎の道德

佛敎は無我に出發して大我の發現に至るのが敎理の經路であり、特に大乘に至つては無我の大我を主張するのであるから現代の如く小我に執着する利己心のために公共の精神を失ふ場合、其の敎理の宣傳は最も緊要なことと思ふのである。一體佛敎の無我觀は一切諸法を以て因と緣とのかゝり合せによつて生ずるといふ因緣生の理から立脚するので此我なるものは物質的要業たる色と精神的要素たる受(感覺)想(思想)行(意志)識(認識)の五蘊から成り立ち、此外に別に我なるものはないといふのであるが、此我なるものが此世に生れ出るのは過去の業たる因と父母の愛慾を緣としたので、其の人に生れたのは過去の業報によるとすると共に、此業報に正報と依報との二つがあり、正報とは又正果と名けて五蘊の身を受くることで、「諸の衆生其の所作の善惡の業に隨つて各々此身を受く、正しく其の報を受くるが故に正報といふ」とあり、依報とは又依果と名く「卽ち世界國土なり、諸の衆生各々其の果報の身に隨ひ、之れによつて住す、故に依報と名く」とあつて同じ國家に生れるものには又共通の果報あるをいふのであるから同一國民たり同一地方民たるも因緣淺からずと見る。　此の因緣觀は、やがて吾等の愛國の思想を皷吹し、愛鄕の心を養ふの基礎となるものではあるまいか。　されば同一敎主の下に集れる佛敎の教團も亦之れ因緣淺からざるものとし、人身受け難く佛法遇ふこと稀れなりとし、和合を以て教團の精神とし、夙に六和敬の說がある。同戒、同見、同行、身慈、意慈、口慈の六つで其の精神は大慈悲心に立脚し、身に慈悲を行ひ、意に慈悲を思ひ、口に慈悲をいひて他と相和し、同一の戒法を守り、同一の正見を持ち、同一の修行を作すので之れを現實の國家にあてはむれば、階級の差別なく同一國家にあるものは同一の法律を守り、同一の理想を持つて、同一の道德を行ふといふことになつて此教團の精神は又以て國家結合の要諦、地方自治の根本となるので聖德太子は此要諦を認めて其の憲法の第一條に「和を以て貴しとす」とせられたので、此和こそ佛教道德の要義で其の人と人との和を說く所に世間道德はあり、更に一歩を進んで人と人以上の佛陀との和合卽ち感應を說く所に宗教道德はあるので、彼の何人も知る四恩の說も個人的には父母の恩、社會的には衆生の恩、國家的には國王の恩、宇宙的には三寶の恩、他の方面よりいへば又血族的には父母の恩、經濟的にも衆生の恩、統治的には國王の恩、宗教的には三寶の恩で父母衆生、國王の世間的なると共に三寶の宗教的なるものを加へ各方面から報恩の道を說て社會國家に奉仕せしめんとして居るのである。

二　佛教の教理

これらの觀念は皆な自治啓發に必要であるが、更に其の根本となるのは、大乘佛教の立脚地たる萬物相關の哲理である。佛教では先づ初めに萬物は悉く異別にして同一ならざるを見ると共に、其の異別の依て生ずる所以を因緣生の理によつて說明し諸法皆是因緣生と說き因緣と離れて異別の相なきを云ひ、本體の平等にして一空なるを示し、しかも其の平等一空なる所に差別の相現はれ、差別の現相と平等の本體とは一にして二ならざるをいひて萬物一體觀を立て、

萬物	現相	（差別、有限、依立、部分等）	不二
	本體	（平等、無限、獨立、全體等）	

と觀察し、其の現相、相互の關係を因と緣とによつて無限に關聯して渾然として一體を成すと說く萬物相關に至るが故に、此理を人事に應用しては世界人類の相互關係となり、特に或る因緣を以て結合せられたる一社會一國家内の人と人との關

係は密接不離にありとして近時盛んに唱道せらるゝ社會連帶の思想と異るなき共同責任の觀念に至り、大乘佛教の修行者たる菩薩は自己一人の成佛を理想とせずして一切衆生と共に佛道を成ずべきと說く、此教理こそ公共心を基礎とすべき自治觀念教養の基礎を成すもので、一地方は利害密接して其の住民は相互連帶の責任あるを自覺せしむれば利己に偏して利他を忘れ、私慾に驅られて公共の精神に悖ることは、却て自己を害するものたるを知らしむることが出來る。町村は大なる我であり、個人は其の大なる我の一部分である、個我のために他の個我を害するは手のために足を傷け、胸のために腹を痛むるやうなもので、其のために手も弱り胸も痛むを免れざるに至るのである。村民若し選擧を怠りて不注意なる人を出すとせよ、其の人の不注意のために害を蒙るものは村民全體であつて、自己は不注意ならざるを名として免るゝことは出來ない。自分は如何に健康を保つて居つても村に傳染病が入つて來れば其のために費されたる支出は自己の頭上にもかゝる、此關係を知悉することによつて公共の心は起らざるを得ない。特に道路などの問題になると自分の家の前ばかりの道路を善くしても他の家の前が惡ければ自己も亦其の害を受けるので共同でなければ相互の便は計れぬ、此關係は町村から府縣、府縣から國家と離れられずに結ばれて居るので此連帶の關係は實に萬物相關の哲理に出發したる社會の當相で、これによつて自治の觀念を養ふことが出來るのである、此利害密接の連帶觀念に先きの報恩の道德の加はつて吾等は我が生活を溫かにすることが出來、利己を去り怠慢を離れ、眞に公共に盡くすことが出來るのである。

三　佛教と自治

更に具體的に自治の注意ともいふべきものを示されたるは釋尊が曾て跋耆種が共和國を建設せんとする時に、(漢譯長阿含經に出づ、今は木村泰賢氏の「原始佛教思想論」に據る、)

一　屢々集會すること、
二　和合の精神を以て集まり、和合心を以て國事を議すること、
三　傳統的國法を守り無暗に新規に走らざること、
四　國の古老を貴び其の意見を聞くこと、

五　良家の婦女子が貞操なること、

六　内外の靈廟を尊崇すること、

七　阿羅漢を法の如く尊敬し之れを保護すること、

と示されたことである。これを明治廿一年自治制施行の時の明治天皇の上諭に見れば、其の宗教的なる部分を除いては全然一致するを見る、其の文

朕、地方共同ノ利益ヲ發達セシメ衆庶臣民ノ幸福ヲ增進スルコトヲ欲シ隣保團結ノ舊慣ヲ存重シテ益々之レヲ擴張シ、更ニ法律ヲ以テ都市及町村ノ權義ヲ保護スルノ必要ヲ認メ茲ニ市制及町村制ヲ裁可シテ之ヲ公布セシム

とあつて(一)地方共同の利益發達(二)衆庶臣民の幸福增進(三)隣保團結の舊慣尊重(四)都市町村の權義保護の四要項は先きに擧げたる釋尊の敎訓と大體に於て一致するのであるから此上諭の旨趣を貫徹せしむるは又以て釋尊の敎訓を宣傳する所以である。

三　地方と寺院

寺院は久しく地方文化の中心となつて居つたので、町村あつてからの寺院もあらうが、其の多くは町村未だ人の集團をなさゞる以前に建立せられたもので、古く奈良平安の昔に建立せられて附近民衆の信仰の中心となり、鎌倉時代に至つて新信仰の勃興して諸國の武士又は富豪亦其の歸依の寺院を建てたのであるが、元來寺院の建立は勸進を旨として普く民衆に請ふたので、今日といへども建築に普請の字を用ふるは普く請ふて建立せられたる寺院に基くので其の性質上一私人の私有物にあらずして、少くとも附近住民の共有たるべきものであつて寺院と其の地方とは離れられぬ關係を持つて居るのであるのみならず、鎌倉時代以後に至つては文敎の保留場となつて附近の子弟は此寺院に於て讀書を學んだのであり、特に寺院の司る葬祭法要は其の附近住民の祖先の靈を弔ふ場所となつて其の地方とは密接の關係を有し、德川時代に至つては宗判制度を布き寺院と檀家とは離るべからざるものとなり、日本國民は皆何れかの寺院に屬すべき規定となつたのであるから維新後此制度は廢せられ改宗轉派は自由となつたが、尚は祖先の靈は其の寺に葬られ、其の位牌は寺に收められたるものが多いのであるから此寺院が中心となつて愛鄕の思想を鼓吹し、自治の心を涵養するのは最も相應しいことであると思ふ、況んや自治の妨害たる利己の心を退け怠慢の念を去るは其の寺院の奉ずる佛敎の本旨にして、其の本尊たる佛菩薩の誓願たるをや。吾等は高僧碩德が地方開發に努力せられたる芳躅を述べ、又其の時の爲政者を助けて敎化に務めたる美蹟を說いた。今は將に其の芳躅と美蹟を現代化して地方自治に盡くすべき時である。全國七萬の寺院一齊に此方面に着眼せば自治の完成期して待つべきである。

寺院と地方との關係は單に個々の住民との間のみならず、

(イ) 鄕土の歷史と寺院との關係
(ロ) 鄕土の偉人と寺院との關係
(ハ) 鄕土の名勝と寺院との關係
(ニ) 鄕土の風俗と寺院との關係

等、鄕土と寺院とは密接の關係があるのであるから之れによつて愛鄕の心を深からしめ、之れによつて共同の感情を鼓吹するに於て寺院は常に其の中心となる〻

き資格を有するのである。唯だ之れを害するのは今日の自治の地域は必ずしも古來からの集團でなく、中には其の領主を異にし、氏神を別にし、其の寺院も必らず一地域一ヶ寺ではなく、時には十數ヶ寺もあつて、其の寺院が又宗派を異にするが故に相互反目して爲めに一致を欠くことの少なくないことである。此寺院から先づ其の宗派的偏執を去り、少くとも其の自治の範圍に於て聯合會を作り、許す限り一致の行動を執つて以て町村共同の範を造るといふことが必要である。近時此傾向漸く熟して小は町村寺院の聯合より大は一郡に及び、郡聯合の佛教會は到る所に設けられ、所によりては更に大なる縣聯合の佛教會の成立した所(例へば島根、滋賀、愛知等の如き)もあつて、其の自治民政を助くる少からざるを思はしむる。

第五章　佛教と社會運動

第一節　自治の完成と社會の安定

一　社會不安の事情

自治の完成には社會の安定がなければならぬ。社會が不安定になれば人々利己に急にして公共の精神を欠き、其の極、公利公益を標的とすべき自治を危殆ならしむるのであるから先づ社會不安の原因を視察して之れが除却を計らねばならぬ。社會不安の原因は思想上より來るものと、生活上より來るものとある。思想上の原因には亦內外二方面あつて內、社會の變動によつて起るものと、外、世界思想の影響を受けるものとあり、之れが生活の實狀と關聯して生活の不安を馴致し、其の不安が又思想の上に影響し、互に因となり果となつて社會を不安ならしむるので近代思想の主潮たる自我中心の思想は一切の傳統を排斥して自由を貴び、舊社會に於ける因襲的なる階級を打破して人類平等の理想に生きんとする傾向は政治的に專制政治を打破して立憲自治を造りなせると共に、社會上にも主從の如き上下關係は打破せられて對等たる水平關係となり、其極昔の如く從は主に絕對服從を強いらるゝ代りに、主は從の生活を保障せなければならぬといふ義務のあつた社會組織は對等なる自由契約と變じ、人と人との間には溫い情味なくしてたゞ利によつて結び、害によつて離れる冷やかな關係となり、こゝに自由競爭は激しく利己の思想は強烈となつて、法律上に平等を認めらるゝ各個人も經濟上には甚だしき不平等を生じ、貧富の懸隔甚だしくして世は開け、人は進むといへども、貧しきものは其の開明の澤に浴し、其の進運にも伴ふ能はざるに、富めるもののみ一切の利便を獨占し、特に機械の發明に伴ひて醸成せられたる産業の革命は、大なる資本を有するものに幾多の利便を與へ、此機械の發明によつて職を失へるものは、資本あるものに叩頭して機械補助の勞働に雇はるゝこととなり、前者の豊かなる資本によつて其の生産を増し、其の販路を擴張し、益々富みを積むに對し、後者は僅かに糊口し得る程度の賃錢に甘んじて何の向上をも計られざるのみならず、自由契約の悲しさには雇主の都合によつて何時解雇せらるゝやも計られざる不安狀態に置かれ、一旦、病み又は老て勞働に耐へざるに至れば忽ち解雇の悲運に遭遇して貧ます〳〵甚だしきに至り、前者の働かずして食ひ得るに對し、後者は働くとも食ひ得ざるに至りて社會の不安は層一層を加へ、終に之れを以て私有財産制度の弊とし、之れを打破して財産を各個人に平等に所有せしむべしといふ共産主義や、一切の資本土地又は機械の如き財産を社會の共有にすべしといふ過激なる思想や資本家を敵とする階級闘爭の考へなぞが起つて富者を脅かし、互に反目嫉視しては如何に自治の制度を以て從來の支配階級たる領主に隷屬し、官權に盲從すべき組織を撤廢しても共同の利益に働く此制度を圓滿に行ふことは出來ないのであるから此不安を醫治し相共に町のため村のために働き得るやうにせねばならぬ。此方面に於ても亦佛敎家の努力を要する。

二　政策と事業

此社會的不安の原因は、確かに現代社會組織の缺陷にある。これを打破して新たなる社會を建設せんとするのが社會主義――特に極端なる破壞主義――の提言であるが、現代の社會組織は人類が過去幾千年の經驗によつて組み立てられたるもので、全然これを破壞することによつて果して缺陷なき社會が組み立て得るであらうか、一弊除き去れば一害之れによつて生じ、一害除き去れば一弊又伴ふで、貧富の懸隔を除却せんとして共產主義を實行せんとするには勞働も平等にし消平等にせ費もねばならぬので、其の極、人間を牢獄に押し込むと同じやうな不自由

眞宗の安心

——眞宗教義の特徴——

東洋大學教授
東京帝國大學講師　島地大等

(一)序說

何れの宗教にあつても、其の教祖の人格及びその信仰が、其の宗教の信仰や教學や乃至其れから流れ出る教會や歷史や、其の他一切の事柄の基礎を爲して居るものである事は、云ふまでもない事である。三千年に近い久しい星霜を經て偉大なる發展を遂げ、絕大なる感化を及ぼした佛教の法門乃至歷史も、流を分ち派を出して百花繚亂の相を呈してはゐるが、一々其の源を溯ぬれば悉く釋尊御一代八十年間の御人格に納まらざるものはないのみならず、其の諸々の流派宗派を見ても其の信仰や團體や歷史や其の他一切は皆それ〴〵其の宗祖の信仰人格の表現であり、悉く其の御生涯中に收まつてしまふのである。今眞宗に於ても此等の總ての事が、宗祖親鸞聖人九十年間の御生涯中に收まつて居る故に其の信仰を見乃至敎學を知り歷史等を研究するには、先づ第一に聖人の御傳を透して人格を見、其の中に含まれたる諸々の事跡をあとづけて而して其の信仰敎學等を明らかにするを要する。然るに今紙數の都合上それ等のことを全く拔きにして、聖人が幼より道を求めて獲られず。ものすごきまでの欣求と努力とを經て終に二十九歲の春、洛東吉水に法を說かるゝ偉大なる人格法然上人にお出あひなされて其の御敎の下にはしなくも他力金剛の信心を得たまひ、以來滿九十歲迄六十年間身を以て其の信仰を實生活の中に顯示された聖人の敎義の特徵の數ヶ條に就いてお話することゝする。

(二)淨土念佛

元來聖人は釋尊所說の敎法の全體を總括して第一の歸着は淨土念佛にありとせられた、換言すれば釋尊出世の本懷はこの淨土念佛の法門を闡揚するにあると云ふのである。卽ち釋尊が、成道已來滅度せらるゝまで說かれた經文卽ち最初の華嚴經や終りの法華經涅槃經等の諸經文は皆此の淨土念佛を敎示せんがための手段に過ぎないと見られたのである。佛一代の諸經中で大無量壽經のみが本懷であつて、他は皆一々その道程となるものであると云ふ意味である、佛の始終の法門は總て彌陀法を說かれたものであるとの意である。故に敎行信證を拜見すると、華嚴經や大涅槃經を盛に引用して居られてある。何れの經文も皆此の彌陀の本願を說かれたものと見られたのである。究局する所何も彼も彌陀法の顯現であると見られたのである、假に其の間に種々の法門や信仰があつたにしても、其の異れる多くのもの悉く皆彌陀の信仰に來る道程であつて、彌陀の信仰は實に人生終局の目的である、此の目的を專門的に說いたものが淨土三部經であつて、其の中心となるものが大無量壽經でこれは一層的切に說示せられたものである。換言すれば一代敎の中心聖典は大無量壽經であると見られたのである。更に之を極く押詰めて言つてみれば、理論は兎に角實際に於ては如何なる法門から入り、如何なる聖典から進んでも佛に成ると云ふ事は到底不可能であるが、唯大無量壽經にのみ依つて眞の佛となる事が出來ると云ふのである。

何故に斯く云ふかと云ふに、哲學や理屈の側よりすれば一代諸經皆蘭菊の美を競ふ有様であるが、實際自身の問題として考へると、般若でも維摩でも、乃至法華や涅槃でも救はれると云ふ事はないが、唯大無量壽經の信仰に依つてのみ救はれるのである、そこで此の意を他の語を藉りて云へば聖道無得道、である。 かの日蓮上人から云へば迹門無得道、眞言の敎から云へば顯門無得道、一乘敎から云へば三乘無得道と云ふべきであるが、今我親鸞聖人から云へば聖道門では迚も成佛は不可能である、唯念佛一門のみに限つて證悟に到るの通路であるとせられたのである。

法然上人が選擇集に於て道綽禪師の安樂集を引かれて、生死を解脱し火宅を出づるのに聖道と淨土との二種の勝法があるが、其の中で聖道の一種は今の時には證り難い、一には大聖釋尊の在世を去ること遠きが故に、二には理深く解微かなるが故に。 是故に今此の末法の世、現に五濁の惡世なれば、唯淨土の一門のみありて通入すべき路であると斷せられてある事は、等しく親鸞聖人の體驗し力説せられた所である。 要するところ聖人は釋尊傳道の最高理想は淨土念佛に在りとし、人間必らず要する人生問題は偏に彌陀の救濟に依つてのみ、解決すべきものと主張せられたので、これが第一の敎義的特色である。

(三)信仰絕對主義

次に親鸞聖人は信仰絕對主義者である、凡そ宗敎として信仰を敎へぬものはない、同じ佛敎の中で信仰を主張せぬ宗派は一つもない。故に『佛法の大海は漸く入れば漸く深し、唯信を以て能入となす』と云ひ、或は『信は道源功德の母』などゝ經文に云ふてあるが、併し單に信丈では駄目である。之で引き廻す所の行がなくてはならぬ、總ての行を信仰でひきすべると云ふのが通佛敎の理想である。是に依つて初て成佛が出來るのである。故に信仰と云ふもの丈を獨立に權威あるものとは見ない。信仰は必ず修行と云ふものと伴つて、初めて意義があり、力があるものとなるのである。然るに親鸞聖人は信と行とを別物とせずに行をば信の內容とし、卽ち行を信の中に含ませて信其のものを絕對的に見られたのである。此所を唯信正因或は信心正因と云ふのであつて、親鸞聖人敎義の眼目である。換言すれば信心と云ふ信に絕對的價値を認められたのである。ところが此の行と云ふ問題は多く道德上の問題と關係し、信仰に入る人の必ず持ち來る問題である。此の道德と信仰とは常に二元的となつて、信を絕對と見る障碍となつて居る。何等かの善根があつて、此に依つて成佛が出來ると云ふ風に、どうしても信仰と道徳とを離して見るが普通人の考へである。親鸞聖人は然らず。絶對に信心正因。唯信正因を唱へられた。

此の事は彼の敎行信證信の卷に明かにされて居る。故に歎異鈔には『彌陀の誓願不思議にたすけられまゐらせて、往生をば遂ぐるなりと信じて念佛まうさんと思ひ立つ心の起るときすなはち攝取不捨の利益にあづけしめたまふなり』と申されて、口稱さへも必ず要とせられる行とはされなかつた。此の信心の内容を探れば二種深信といふことになる。二種深信とは機の深信と法の深信とであつて、之は善導大師の散善義と云へる聖敎に現れたる次の文に由るものである。『決定して深く自身は現に是れ罪惡生死の凡夫曠劫より已來常に沒し常に流轉して出離の緣有る事なしと信ず』機の深信とは自己の自覺卽ち救はるゝ現實我の實相に對する自覺である。呆れ果たる自我に對する如實の照見である、この當然の結果たる謙抑なる態度敬虔なる態度は、信仰の美しき一面である、次に法の深信とは此の私を救ふて下さる佛の御力に對する信仰である、現在の自己は諸種の罪惡に充ちて居る凡夫であるのみならず、過去久遠劫來常沒流轉とあつて、迚ても成佛の出來る樣なものではないと自覺する、此の中にこそ過現未三世に亙る自己に對する眞實の自覺が出來る譯である。ところが是に卽して法の深信と云ふものが必要である。散善義の次の文に『決定して深く彼の阿彌陀佛の四十八願は衆生を攝受し給へば疑無く慮無く彼の願力に乘じて定んで往生することを得と信ず』とあつて、『彼』とは明かに阿彌陀佛を指すのである。

聖道門に云ふが如き抽象的な眞如とか法性とか云ふ樣な空漠なものでない。吾人を救ひ下さる彼の阿彌陀佛と云ふ人格者を指す事である。吾人は總ての疑ひ總ての慮を離れて阿彌陀佛の本願力を深く信ずる時にはこの大願業力に由つて往生を得させていたゞくことゝ信ずるのである、卽ち右の文中彼の願力に乘ずるの願とは四十八願を表し、力とは衆生を攝受する事である、而して法の深信は畢竟此二文字の上に立てられたものである。要するに是は聖人の信仰個條中の根本的のものであつて、機の深信とは自己の斯の如く淺猿しいものである事を信じ、法の深信は必ず如來の御救ひに預かると云ふ事を信ずるのである。ところが此の二種の深信は二而不二のものである。今に說明の便宜上二つとしたのであつて、信仰其の者から云へば一つである。如來の願力を信じた時には、我が身の惡人と云ふ事が知れて來るのである。斯くの如く信仰は一つであるのに何故に二つに開かれたかと云ふに、是には其の謂れがある。聖道自力の立場から云へば自分の力の幾分でも役に立ち、或は其の智惠や善根に依て救はれやう佛に成れやうと云ふ考があるが、其の樣なものは何の役にも立たぬと知らせて、第二の法の深信が働いて來るのである。一體吾々は僅な智惠善根を力にすると云ふ慣習があるが、善根功德の賴みとなる樣では罪の深い者は如何に信心しても救はれると云ふ事はないことになる。是では惡人は何處までも立つ瀨がないけれども阿彌陀佛は吾をば一子の如くに、御慈み下さるのであるから、惡人でも善人でも等しく御救ひ下さるのである、否惡人であればある程自分の力に依つて成佛する可能性が少ないが故に、その惡人たる點こそ實に彌陀の御慈の御當目である。此の御慈悲を心に受入れた所が信仰である。かく至心に阿彌陀佛を信ずると云ふ事が、卽ち阿彌陀佛の大願强力に乘じて往生し成佛し得る所以であつて、其の他の諸善萬行は何の役にも立たぬ、眞に如何なる善根も役に立たざると共に、過去久遠刧來持ち來れる罪も何等の邪魔にならない、此の罪や障に充ち滿ちて居る者の爲に法の深信があるのである。そこで一つである信仰をば善人でも惡人でも其の儘如何なる者も平等に御救ひ下さると云ふ事を示す爲に、かく二つに開いて御示し下さつたのである。故に親鸞聖人も御救を受けるには善人も惡人も區別はないと判然と云はれて居る。又『善人猶ほ往生す況んや惡人をや』と申されてある。善根とても一寸も役に立たず、罪業とても何等の邪魔にならぬ罪は罪のまゝに御救ひになると云ふ意味からして、機の深信と法の深信とを御示しになつたのであつて、普通の道德の上の價値判斷を超越して居る。『況んや』と云ふところが有難い、兎角善人と云ふ者は持つた善根を鼻に掛けたがる者であるが、惡人は善根などは少しもないから鼻に掛け樣がない、兎に角此の問題は善惡や道德上の問題を跳び越えて居る。此の信仰絕對主義を遺憾なく、而も徹底的に表はされてあるのが、彼の有名な歎異鈔である。眞に此の意を味はんとする諸君は、一度でもよいから此の書を見らるべきである。**自己と云ふ者を見る上に於ても、自己は罪惡所繫の凡夫なれば**

迚も浮ぶ瀬はないと云ふ事を絶對的に覺悟する態度、夫から法の深信の方から云つても他にたよるものがあるのではない、唯彼の大願力に乘じ偏に此の願力一つで御救ひに預るものと安堵する態度が、すなはち信仰の絶對的態度である。故に機も絶對法も絶對、是を信仰の絶對と云ふのであつて、親鸞主義の中心は此處にある。此の信仰が一度日常生活の上に現れる時には、非常な謙遜な態度となる。是は卽ち機の深信から來るのである。夫から非常に躍進な態度になるが、此は法の深信から來るのである。故に信仰生活の心理狀態の上は必ず感謝と慚愧との二方面がある。慚愧は機の深信より感謝は法の深信より來るのであつて、此の二つが斷えず相續する狀態が卽ち信仰生活である。

(四)信仰純一主義

次に特色と見るべきは信仰純一主義である。斯は一向專念主義とも云ふべく親鸞聖人の信仰の特徵であると思ふ。本尊は唯彌陀一佛と定めらるゝ。是には所謂迷信を絶對に否定するので、是が爲には、彼の最愛なる御一子善鸞上人が迷信雜行に陷られた時、その純一無雜ならざるを責めたまひ、終に忍び難き人情を抑へて之を勘當せられた、のみならず聖人は上洛の後善鸞上人が勘當の御許しを願はれたが、聖人は嚴として許されなかつたと云ふ傳説がある。其は一向專念の宗旨が苟くも迷信雜行に亂されてはならないと云ふ思召からであつた、則ち申されるのに善鸞が今のような態度に居る間は彼は我が宗を毒する者である。今更面會しては更に其の毒を募らしめるのみであらう。もし又不思議の御慈悲の力によつて彼が正しき信仰に歸つたらば、やがて御淨土でゆるゆると逢ふであらう。何も今あはてゝ逢ふ要もないと親子の情としては逢ひたくもあらう。且つ逢ふても差支はないが、今自分が迷信雜行に住する彼に逢つたならば、其のため幾千萬人の御同行の信仰を亂す事になる。斯樣な恐ろしい事は絕對に出來ぬと仰せられて、遂ひに面會を拒絕せられた。斯の如く信仰の純一を保持する徹底的態度は迚も想像の出來ぬ程であつた。之の一事を見ても如何に信仰純一主義を尊重し是に徹底して居られたかが判る。且つ後に至つて覺如上人の時にも此の問題が起つたが、迷信は全く斥けられた。爾來眞宗に於ては僧俗を問はず信仰の純一主義を嚴守して居る。眞宗では神棚も祭らぬ。大麻も受けぬ況んやその他の本尊的のものは決して御祭りせぬ。凡て祈禱迷信に屬することは絕對に排斥する。從つて家相方角吉日良辰を選ぶと云ふ樣な事はしない。佛敎の眞意は斯る所に在る筈がないから之を排斥するのである、故に此の信仰純一主義は、頗る强固な態度を持して居る。

（五）平生業成

次には平生業成と云ふ事である。一度眞宗の信仰を得た後は如何なる事があつても、信仰に動亂があつてはならぬ、眞實の信仰は金剛不壞でなくてはならぬ。斯る信仰は平生業成と云つて、平生の間に成立して居らねばならぬ。彌陀の願力と云ふ事が堅く信ぜられた刹那には絕待に往生の大事が決定し、其の信仰を動かさうとしても動くものではない。稱名念佛の功德に依て往生しやうとか、或は坐禪觀法をして悟を開かうなどと云ふ樣な生温い話ではない。無論來迎等を當にすべきではない、一度この純信を確立すれば何時も彌陀如來の御懷に入つて居ると云ふ信仰に生きねばならぬ。

（六）稱名報恩

次に稱名報恩と云ふ事である。斯は報恩の誠意感謝の誠意を稱名に依て表はすのである。元來信仰生活は感恩の生活である。何物に對しても御恩の顯れとして謙遜に且つ感謝しなければならぬ。阿彌陀佛を中心として感恩の生活を營み、其の報恩の形式が名號を唱へると云ふことに顯はるゝことである。何時何處でも唱へられる事で而も易く行はれる。是に依て我が心を信仰に立ち歸らせ現在の生活を整理し統一し、又信仰から御恩を思ひ起して名號を稱へ、稱へては生活を新に淨めるのである。此の稱名と云ふ事に依つて私の生活の亂雜を統一し整理し希望に充ち力を得喜を得つゝ進めて行くのである。其の念佛と云ふものは何かと云ふに前にも云つた通り感恩の生活である。卽ち嬉しや尊や有難やの念に滿ちて唱名の中に吾人の生活の充實を得るのである。是に就いては色々話したい事があるが、さう委しくは云つて居られぬ。元來眞宗にては自己の力と云ふものを絕對に否定するのである。自力主義より云へば、直ぐ努力と云ふ事を聯想し、眞宗徒は怠惰者であると云ふけれども、いや親鸞聖人の如きも御自身では愚禿とまで云ふて居られるけれども、實際は非常な努力主義者である。故に親鸞聖人は絶對の無力主義なるが故に絶對の努力主義である。是は皆眞實の信仰より顯はれ來たのであつて、南無阿彌陀佛と云ふもので統一せられて居る生活の特長である。專ら報恩の念に住して心の奥の止むに止まれぬ要求に依て出る稱名は。能く日常生活の上に光明あらしめ永遠の樂園を築かしめる。

（七）現當二益

次には現當二益と云ふ事である。斯も餘程大切の事である。信仰の生活に入つた者は直ちに佛に成つたのであると誤解する者が多いが親鸞聖人の立場は左樣ではない。西方の淨土に生れた時始めて佛に成るので、今生では如何にしても佛になる事は出來ぬ。けれども正信に住したものは只の凡夫ではなくて德として菩薩の位に列せられるのである。現當二益と云ふ事は、現在の利益と未來の成佛と云ふ二つの利益であるから、此を混亂しては不可ぬ。佛敎が一種の危險となるか、眞に人生に平和を將來するものかの岐路が、此の問題で決するので、我々の現實と非常に關係して居る、眞に大切なる敎義である。

（八）家族主義同行主義

次には家族主義である。是は聖人自から築上られた宗風である。此の家族主義の源は遠く聖徳太子の洪範より來つて居るのであつて、諸宗門の祖なる聖徳太子は實生活の祖であるとて、聖人は非常に感謝して居られる。

次には御同朋御同行主義である。換言すれば、正しき意味のデモクラシーである。前の家族主義と、內容を等しくするものであつて、聖人は凡ての人類を『生々世々の父母兄弟』とも見られ、また『親鸞は弟子一人も有たず』と宣言せられ總ての人々を兄弟姉妹と見、同朋友人と見らるゝのである。宇宙一家の思想、四海同朋の主張は、聖人の生命である。一切の上にアトリストクラシーは認められぬ。若しこれありとすれば『一切衆生の眞の欲求と滿足とを基礎として建設せられし彌陀願王の慈攝あるのみ』と云ふが、其根本主張である。此の如來廻向の大信心は、一切衆生に於て平等である。此の信仰の絕對平等觀が聖人の御同朋主義の思想的根據である。凡ての人類を永遠の友として、絕對の同情と救濟とを傾瀉せらるゝ所以の慈愛は、此の源泉からの流れである。此の慈泉を掬して、吾等は平等の信仰に立ち、眞の自覺も得、變らざる責任を知り、無限の希望を認めて、奮進するのである。

聖人の歴史教學信仰等の凡てに亙りてその特徴を數ふれば、日も亦足らずである。到底かゝる短少時間一回の文筆の能くするところではない。終りに臨むで今正に世界動亂の後を承け渺たる吾日本民族が、現今より將來に亙りて、眞の理想と生命とを理解し、眞の力を得て、不朽の世界的活動に參與せられんとするものこそ、始めて眞實に親鸞聖人を理解し憧憬すべき資格を有するものなる事を知つて貰ひたいと思ふ。

過去七百年の日本民族は、聖人の斷片的鱗甲を拾へるに過ぎない。金龍の全身を見、眞の聖人を知るは、實に現代及び將來の人々であるべきである。何うか今回この講演を因緣に、諸君と共に、益々吾聖人への眞面目を、如實に景仰する樣に致したいものである。南無無量壽尊

科外講義

日本教育史上に及ぼせる佛教の勢力（四）

文學士 横山健堂

大凡以上擧げました七箇條は、武士時代の初め、鎌倉から足利時代の間に佛者の日本の敎育史上に及ぼした大きな事實でありまして、さうして大體今申した箇條はズッと維新前までその精神が續いて居るように思ひます。

それから續いて王朝以後德川までの間に於ての事は、別にモウ少し申上げたいと思ふ事があります。この間は實に日本の文明の衰へた時代であつて、日本の學問といふものは全く頽れました。これを總稱して闇政と稱しますが、その闇政の間はどういふ風になつたかといふと、今までは草は生えても兎に角大學があつたけれども、モウ京都に大學は無くなつて、草だけ生えて居るといふことになつてしまつた。即ち「夏草やつはもの共の夢のあと」で、書いてあるものでも今は斯樣な事も夢になつてしまつて、此處は大學の跡だといふ、見れば草ばかり、斯ういふようになつて居る。さうしてモウ總て商賣上の證文でも坊さんに賴まなければ書かれぬといふことになつて、社會の文敎といふものは坊さんの一手專賣になつて居りました。極く世間に有名なのは、九州の大椿といふ人が應永年中に四書を習ふ爲に常陸の國まで行つて、途中で學資が無くなつたからモウ一遍九州まで歸つて又習ひに行つた、四書の素讀を習ふのに九州から常陸まで行かなければならぬといふような、大變な時代でありました。尤も九州から常陸の間に四書を讀める人が一人も無かつたといふのでは無論ないけれども非常に少かつたのであります。大體この間は儒者ばかりでなく、佛者の方も衰へて居つたので、五山の文學といふものは榮えて居りましたけれども、是は實に一部分の事であつた。五山の文學といふものは餘程立派なものがありまして、足利時代にも絕海といふ坊さんの詩は實に立派なものでありますが、併し此人はやはり詩の方が一番得意で、學僧といふよりは詩僧であつたらうと思ひます。兎に角學問なり敎育なりといふものは極く一部分に限られてしまつて居つて、世の中は全く闇のようになつて居つた、さうして學問は或る一部の極く少數の人の專有物になつて、この時代に所謂秘傳傳授といふことが餘程行はれて來たのであります。一體學問上に秘傳といふ事があるといふのは、餘程をかしい事でありますが、是は今日も或る部分にはあります、即ち茶の湯とか生花とか琴といふようなものになると、許といつて、初傳、中傳、奥傳、免許皆傳などといつて、一番終に至ると師匠の口から弟子の耳に傳へなければいけない、物には書かない、斯ういふことになつて居ります。それで彼の細川三齋が田邊城で石田三成の軍に圍れたときに、勅命を以つて圍みを解かせられたのは、三齋の知つて居る歌の學問の秘傳が無くなるといふので、勅命を以つて圍みを解かせられたといふ事になつて居るのが、この間の教育を現はして居ると思ひます。『老人雜話』といふ書物に、自分が少年の時に京都で四書の素讀を教へて呉れる人が無い。漸く公卿の何とかいふ人が學問があるといふので習ひに行つた所が孟子になつたら、孟子は今本をちよつと人に貸してあるからといつて、どうしても教へて呉れなかつた、實は孟子は讀めなかつたのだといふ事が書いてありますが、それ程に一向學問といふものが無かつた時代であります。全く日本の闇政といふものは、佛者ばかりが日本の敎育なり學問なりの總てを有つて居つたのであると思ひますが、この時のそれを能く現はす所の形といふものは、圓い頭の坊樣であると思ひます。ズッと王朝時代から續いて支那に行く人は、頭を剃つた人が澤山參る、そこで支那の『三才圖會』には日本人といふ所に全く頭を剃つた坊さんが書いてある、日本人は皆坊主だと三才圖會の著者は思つた、といふのは來る人も來る人も皆頭を剃つて居る、外國の文明を採りに行く人は皆頭の圓い人ばかり行つたものであるから、支那人は日本人は皆坊主だと思つたといふ事は、如何にこの圓い頭が當時の文明を支配したかといふ事が能く分るのであります。是がズッと後まで遺りまして、德川時代になつても初の間は醫者も坊さんである、それから按摩——といふと品が悪いけれども、段々進んで校頭とか檢校になると餘程上等でありますが、その檢校も坊さん、醫者も坊さん、儒者は皆坊さんであつた、全く文明の大部分の者は坊さんで、武士でも少し年を取れば坊さんになる、熊谷蓮生坊でも少し不平があれば坊さんになる、不平が無くても隱居すれば坊さんになるといふやうな風でありますから、形の上に於て圓い頭が日本の文運をそれだけ支配して居つたといふ事が見られると思ひます。

斯ういふ闇政の間に依然として佛者が文明の爲に盡し、學問の爲に盡して居りまして、出版といふ事にも非常に盡力して居つたのであります。この頃どういふ所が主に日本の文明の中心であつたかと申すと、終ひには東に於ては足利學校、西に於ては山口であつた、(山口は大内氏の居つた所で支那と始終交通して居つた)足利學校に就ては種々の考證がありますけれども、兎に角王朝時代に國學といふものを地方に置かれた、その國學といふものは後に國分寺と同じく坊樣がそれを擔當することになつた、その學校の遺り物であらうと思ひます。それを終ひに盛んにしたものが上杉憲實といふ人であります。この人は不思議な人で、足利學校を盛んにして置いて終ひには山口の方に行つて歿くなつて居る。山口の方は主に京都の文明の遺つたものか皆行つて居る。それで山口と足利が殆ど闇政に於ける一つの文明の策源地になつて居るやうな譯であります。この時は天下は麻の如く亂れて居るといふような有樣でありますから、富祐な大名が居るとそこに文明がある譯で、又そこに文明が集つて來るのであります、東京に近い所では小田原、北條氏が盛んになつた時の一つの中心であります、今日殘つて居る所の外郎といふものは、その名殘であります、「ういらう」といふものは方々にあります、小田原に在り、名古屋に在り、山口にありまして皆「外郎」と書きます、あれは卽ち千字文の初めに書いてある「外郎」と同じことで、支那の音で「ういらう」と呼んで居る。併し所に依つた皆違つて居つて、小田原では藥であるけれども、山口では羊羹の粗製のやうなものになつて居る、羊羹とは少し形が違ひ製法が違つて居るが、一種の餅であります、併し皆「ういらう」と稱して居る。どちらも「ういらう」と稱して居るといふのは、卽ち支那から持つて來て茲に文明を傳へた名殘である。小田原には當時印度から持つて來た樹木が、今日でも山の手の方に榮えて居るといふやうな工合であります。闇政の間にも處々、丁度沙漠の內に綠島があるように敎學の存した所があつて、それを支配して居る者は皆佛者であつたのであります。山口にしましても彼の雪舟——是は敎育といふ方には非常に關係はありませぬが、藝術なり文學といふ方には餘程關係があると思ひます、雪舟は初め大分に行つて、天開圖畫樓といふ樓城を築いて居りましたけれども思ふように行かないので、更に大内氏の方に來て山口に永く居つて、終に石州で歿なつて居る。天開圖畫樓に大分にその跡が二ヶ所あつて、いろ〳〵議論がありますが、何れにしても大分に在る。彼の邊にはそれのみならず外國の、所謂ポルトガルと稱して居る樹が澤山あるのは事實でありまして、西洋の文明も斯ういふ所に入つて來たのでありますが、併しその當時の所謂學問のある人は皆坊さんであつた。山口の方に於きましては大内氏は山口本といふ出版をやり、又支那朝鮮から書物を輸入し、或は紙を送つて本を刷つて貰ひ、或は僧を選んで學問をせしむるといふように、闇政の間にすべて佛者が敎育を掌つて居つたといふ事が想像されるのであります。

一體是より前に於ては敎育といふことは學問である、學問は卽ち讀書である、之を逆に申せば讀書卽ち敎育といふことになるのでありますが、この頃から闇政の間に禪及び禪といふものを代表的にして佛敎といふものが敎育上に勢力を及ぼして來ましてから、讀書卽ち敎育ではないということになつて來たのであります。實際讀書卽ち敎育ではない、それが日本の敎育の歷史に於ける所の餘程大きな進歩だと思ひます。鎌倉以前に於ては唯讀書即ち教育であつた、是から以後は讀書即ち教育であつた、是から以後は讀書即ち教育ではない。

それで戰國時代の終になりますと一つ申上げて見たいと思ふのは秀吉のことであります。秀吉は王朝の終に於て學問所といふものを造つて居ります、卽ち伏見學問所といふものであります、之に就ては承兌といふ有名な坊さんが、『伏見學問所の記』といふものを書いて居ります。秀吉は無學なりやといふ事は能く問題になるのですが、秀吉は私共の考では無學ではないと思ふ、有名な話になつて居るのは、秀吉の秘書官が醍醐の「醍」の字をちよつと忘れた所が、秀吉が大小の「大」の字を書けば宜いと言つた、そこで「醍」の字を知らぬといふので秀吉は無學であつたといふ事を『近古史談』に傳へて居りますけれども、是は近古史談の著者の觀察が惡いと思ひます。秀吉は今日吾々と同感の方でありませう、漢字廢止までは行かなかつたかも知れぬけれども、極端なる漢字節滅論者でありませう、さうして彼の人は假名を實行した人で、片つ端から假名で書いた、秀吉が自分で書いた手紙に漢字といふものは非常に稀でありまして、大概秀吉の手紙は始から終ひまで、どんな長い手紙でも假名だらけである。それならば字が讀めなかつたかといふとさうではない、丁度二宮尊德先生と同じで、學歷といふものは無論ないけれども本は讀んだ。學歷と讀書力といふ事は私は別だと思ひます。二宮尊德先生でも學歷といふものは殆んど無いのでありますけれども、先生の舊蹟へ行つて尋ねて見ると、二宮先生の本を讀まれた家はその儘遺つて居ります、又先生の日記を讀んで見ても、いろ／＼の本を手當り次第に讀んで居られる。秀吉もそれと同じに、手當り次第いろ／＼の物を讀んで、古今の成敗得失を辯論したといふことは、事實の上に窺はれるのであります。學歷から言ふと曩頃薨去された山縣元帥も學歷は無い、小學も卒業して居らぬ人であるけれども、併し元帥は餘程博學强記であつて、歷史も非常に詳しく知つて居られるといふような工合で、秀吉もやはり學問を好んで、非常な讀書家であつたといふことは私は疑ひ無いと思ひます。字は知らなかつたといふのは、面倒である、醍醐の「醍」の字は私共でも甚だ面倒で、劃を正く書くことは出來ないかも知れない、そこで、大小の「大」で宜しい、寧ろ假名で書けば尚ほ宜い、私共文章を書いても、面倒になると難かしい固有名詞は皆假名で書いて居る、漢字の劃の多いのは實際閉口する、秀吉はその方では餘程先覺者であると思ふ。そこで秀吉は伏見に學問所を造つた、それは何も別に人に物を敎へる所ではない、自分の書齋でありませう、丁度法隆學問寺と稍や彷彿たる興味のあるものと思ひます。その『伏見學問所の記』の中に斯う云ふ事が書いてある。

高塔を立て、塔の傍に邸屋を構へ、屋中和歌を諷じ、風景を吟詠す。

即ち學問をしない譯ではないが、是は敎育上の用に供して、敎室で物を講義するといふやうなものではなかつたのであります、併しながら學問所といふやうなものが出來たのは是が初めであります。秀吉の信頼した小早川隆景は筑前に早く學校を興したといふことであります、併し彼の人の事に精通して居る歷史家に聞いて見ましても筑前の學校の跡といふものは能く分らぬ、唯學校を建てたといふ事だけださうでありますが、恐らくは私は敎師は坊樣であつたらうと思ひます。それは德川時代に盛んに學校の創立せられた時の學校の開發者は大概坊さんである、それに徵して見ても皆坊樣であつたらうと思ふ、伏見の學問所もその通りであります。

この時にモウ一つ申上げて置きたい事は、活字の始まつたことであります。活字は一體隨分早くから日本にもあるのでありますが、秀吉の征韓役の時に澤山の活字を輸入致したので、それが日本に來て働きを爲したといふことであります。活字の一番起原は五山の文學僧であるといふように傳へて居りますが、それは併し徹々たるものであつたので、朝鮮から澤山持つて來た、殊に有名なのは加藤清正が持つて來た(慥か今日紀州家に遺つて居ると思ひますが)のを版にしたもの、あれなどは非常に立派なものであります。近藤重藏といふ人の說では、文祿五年頃に活版が始まつたと言つて居りますけれども、それは事實問題にならぬので、それよりズツと前室町時代に『東鑑』が活版になつて居ります。モウ闇政の戰國時代は世の中がトンネルのやうな所を通るような時代でありますが、その間に斯うい ふ一種の朱子學といふものがズツと潛航的に、土龍が地下を步くように、眼には見えないけれども地下を潛つて活動して來て、それから活字版といふような非常な便利なものが發達して來て、それが德川時代には一時却つて止まつてしまつて、德川時代の中頃にさういふ事が出來たといふやうな、餘程不思議な事があるように思ひます。

この時代の實際の學校といふものは寺子屋より外に無いのでありますが、その寺子屋でどういふものを敎へたかといふと、いろは歌、童子敎、實語敎、庭訓往來、貞永式目或は朗詠集といふやうなものであります。この往來といふのは大變流行つたもので、商賣往來とか、尺素往來とか或は節用集(今日の百科全書みたようなものでせう)といふやうなものが大變流行つて居りました。斯ういふ日本に主に行はれた敎科書の中に、敎育の思想及び佛敎の勢力といふものが見られるのでありま す、『實語敎』の中には、

人學ばざれば智なし、智なきを愚人となす。

と明かに書いてある。又『童子敎』の中には、

三寶には三禮をつくし、神明には再拜をいたし、人間には一禮をなす。

一段づゝ下つて來て、三寶が一番高い事としてある、これは童子敎で子供から讀むので實に勢力のあつた言葉でありませう。又この中に、

一日一字を習ふ、三百六十日、一字千金に當る。

是が卽ち淨瑠璃の「一字千金二千金」の起りの文句であります。又

弟子去つて七尺師の影ふむべからず。

是も童子敎の有名な文句で、敎育の思想と佛敎の思想が同時にこの中に行はれて居ります。

以上は關政の間德川時代までをお話したのでありますが、斯ういふやうに鎌倉及び戰國を通じて、坊樣といふものが非常に日本の敎育に勢力を及ぼして居ります。この坊樣といふものは、歷史に現はれた所を見ますと、一方には政治なり戰爭なりに參加した政治僧も澤山ある、私共之を風雲僧と名けて居ります、風雲に際會して治國平天下の事業に關係する人が澤山あります。斯の如く坊樣が有爲であつた所の原因は、王朝時代から續いて居る條件でありまして、門閥の內に用ひられる途の無い人が坊樣になつて發達を求める。それから今度戰國時代になりますと、腕次弟で何にでも成れるけれども、寺に入るといふ事は一番安全なことで、便利な捷徑である、生活も安全である、さういふ所から英才が多く佛敎に歸した、それがこの佛敎徒の最も有爲な所で、佛敎といふものは敎義で弘まるのではない、その

人に依つて弘まるといふことは申すまでもないことでありますが、戰國までの日本の教育上に働いた佛者といふものは、それだけ人格に於て力があつたと思ひますし、それからモウ一つは惡僧といふ言葉が日本にありまして、辨慶の如き最も顯著なる惡僧でありますが、所がその惡僧といふのは、罪惡を犯したといふより強いといふ意味で、強いといふことを惡といふ、惡七兵衞景淸でも、強いといふ意味でありますが、卽ち惡僧も強いといふことでありますが、坊樣が皆南都北嶺といつて大きな寺があゝいふ風に爭つて居つた、どうして學問したかといふ事は一つの問題であります。けれども是は御承知の通り寺に行つて見ますと、寺の組織といふものは一つの王國を成して居りまして、奈良の東大寺でも或は比叡山でも皆一つの王國を成して居る、その一番の法主は卽ち法王であつて、あとは皆專門的に組織されて居る、それで惡僧といふのは戰國時代に於ては、寺を衞り佛器を護る所の陸軍に當つたものであるる。その外に學僧といふのが別に居つて、少しも薙刀も振廻さない、ぢつと寺の内に入つて勉強して居る坊さんが澤山居つた、さういふ人が日本の歷史上に働いたのであります。惡僧といふのは一番歷史上に顯著でありますけれとも、是は主に華々しく戰つたから有名なので、坊様が日本の文明に勢力を及ぼしたといふことは、さういふやうな實際の有様であると思ひます。

茲で併せて申上げて置きたいと思ひますのは、斯ういふ南都北嶺或は高野山といふやうな昔の大きな寺、又その他の大きな寺が、維新前までズッと續いて繁昌して學問を研究する餘裕のあつたといふ事は、餘程面白い問題であります。是は佛教の方の歷史をおやりになつて居る方には平易な問題であつたかも知れませぬけれども、私共のやうな門外漢には大變難かしい問題であつて、私は漸く或る財政の方から、極く難かしい材料に依つて、卽ち大阪の十八兩替(今日の日本銀行)――是は中々その材料を秘密にして居つて、政府の力では決して見せないのでありますが、その十八兩替の材料に依つて初めてこれを知ることが出來たのであります。私共は門外から行きましたからその歷史を知る事は遲かつたのでありますが、彼の有名な大きな寺で、御朱印は百石とか三十石とか大變少い、あれであの寺を維持する事がどうして出來たらうかと云ひますと、そこにはやはり所謂底の又底があつて、それを維持するだけの方法が立つて居つた、或る意味から言ふと餘程堅固に出來て居つたと思ひます。　奈良の大佛にしても、殊に顯著なるものは紀州の熊野などでありますが、熊野の高野山から大名が皆金を借りた、それはどういふ譯かといふと、是は德川時代でなくては出來ない、今日はさういふ事は難からうと思ひます、法律が民法なり商法なりといふものがありますから、それに牴觸して出來ないと思ひますが、あの時代には將軍が其寺を信仰すると御朱印にする、或は祠堂金と稱して千兩とか二千兩とかいふものを寄附する。　奈良の大佛とか熊野といふやうな大きな寺が、千兩や二千兩で維持されるものではないが、それを寄附しますと大阪の十人兩替の連中が、又それに就て祠堂金へお加へ下さいといつて、五百兩とか千兩とか持つて行く、是は實は全部寄附するのではない、預けるといつたやうなものであつて、それを利用するのは寺である、卽ちそれを人に貸す。　この祠堂金といふのは何故それ程優勢かといふと、大名が皆金を借りる、大阪の十人兩替は日本銀行であつても皆町人であるから、そこで大名との間に返す返さんの爭そひが起つたときには、大名の方が勢力で抑へてしまふ。　例へば薩摩の藩で一代に五百萬圓の借金が出來てしまつた時に、陸奥庄左衞門といふ恐るべき財政家が現はれて悉くこれを整理した、その當時の金で五百萬兩といふのですから、今日にしたら大變なものだと思ひますが、それをどうしても返す方法が盡きたときにこの人がその整理に當つて、先づ利子打切で無利息にしてしまつて、元金ばかりにしてしまつた、是は甚だ壓制な始末でありますが、今日でいふと何千萬圓か一億圓位の金を無利息にしてさうして二萬兩づつ年賦償却をするといふことにした、さうすると五百萬兩返すには二百五十年かゝる、それではどうも十人兩替は破産するより仕方がない、無利息で二百五十年も引張られては十人兩替は立行かないと云つたけれども、そこはお大名の力で到頭押へつけてしまつたといふ事がある。所がさういふ事は熊野とか大佛の祠堂金といふものに對しては行はれない、それは祠堂金といふものは貸借關係で先取特權を與へるといふことになつて居る、どんなに債權者があつても祠堂金を借りた金は、何を措いても一番先きに取れる、であるから貸して損はない、而も利子は非常に高い、高利で貸して先取特權があれば、是れ位安全で有利なものはなりませぬ。これで德川時代の日本の大きなお寺といふものは安全に發達して來たのであります、あれだけのお寺に五百人の坊さんがあつた、三百人の坊さんがあつたといふ事は夢のようですが、實際はさういふ風であつた。又熊野などは紀州家で餘程その金を利用したので、熊野と紀州家とは密接な關係がある。それで紀州家ではその金を利用するに就ての材能を要する所から、紀州から財政家が段々現はれた、陸奥宗光などといふ人も財政家でありますが、あれはやはり熊野の金を財政に應用して覺えた人間である。で高野山の金を借りることは、お大名でも一番終ひにならぬとしなかつた、何故ならば先取特權があつて利が高いから、又高野山から幕府に訴へられゝば自分の家に關しますから……。さういふやうにして寺は保護してありましたので、闇政時代と雖もお寺の生活といふものは餘程安心に出來て居つたのであります。そこに英才が入つて來て、一方には惡僧が居りて武力で寺を防いで居るのみならず、場合に依つては寺が段々高野山の如きでも領分を擴めるといふやうなことになつて行きますから、十分その内で學問することも出來たのであると思ひます。

教化資料

○世界の七大鐘

今世界中にある鐘は、何千何萬あるか解りませんが、大鐘と名づくべきものが七ツあります。その中に日本の鐘も入つて居ます。

モスコーの二大鐘（ロシア）

七ツの中二ツはモスコーにあつて、一ツは寺に釣してありますが、一ツは雨曝しになつてゐます。この雨曝しのが世界第一の大鐘でありまして、帝王鐘とも申します。高さが十六尺、緣の圍が五十八尺、重さが百九十八噸あります。そして鐘の中には人間が二十人樂に直立する事が出來るさうです。

ミングンの大鐘

緬甸國の都マンダレイからイラワヂ河を四里溯りますとミングンといふ所があります。こゝに鐘樓があつて、大鐘が釣つてあります。鐘の高さは三十一尺圍は十八尺、重量凡そ八十噸であります

京都の二大鐘（日本）

一ツは智恩院でありまして、高さ十一尺、周圍二十八尺、重量七十四噸、今から百八十二年前に出來た鐘です。

今一ツは大佛にあります。高さは智恩院のより三尺高く、周圍は同じですが重量が六十三噸しかありませぬ。

北京の二大鐘

一ツは北京城の北三十町の大鐘寺にあつて、一ツは城内の片隅に轉つてゐます。共に五百十二年前に出來たのです。大鐘寺のは高さ十四尺、周圍三十四尺、厚さ七寸重量五十二噸で、鐘樓に釣つてあります。

○噓と生理的關係

心に信じて居ることを其儘口に發表する場合は精神狀態が平靜であると同時に、生理上にも何等の影響が起らぬ。併し之と反對に虛僞の中立を爲す場合には精神が平靜を缺くと共に、生理的にも必ず何等かの反動が起る。よく事實を押隱さうとして顏色が變るものがある如きは是である。

米國バークレー警察の科學部に勤務する一警察官ジョンラーソン博士は、此の虛僞を發見する爲め血壓と呼吸からする方法を考案した。此の裝置を以て試驗するには、最初嫌疑者に對して種々の訊問が與へられ、其間に於ける嫌疑者の狀態が記錄（測定機の附屬板口）されつゝやがて重要なる質問が試みられ、かくて陳述者の血液細胞及び呼吸の上に於ける心的狀態の變動が記線されるのである。實際に於て過去數箇月間バクレー警察署の此裝置が、犯罪者に對して使用された結果は頗る良好で、嘗て十二人の犯罪嫌疑者が試驗されたが有罪者と睨まれてゐた一人が無罪者と分り、殆んど疑はれなかつた方が却つて犯罪者であることが判つた。

○嬰兒發育の順序

	體重	動作	精神
一ヶ月目	九百六十匁	手を動かし首を廻す	明るい所強い色が分る
二ヶ月目	一貫八十匁	光つたものの動くもの丶方へ眼をやる音が分る	乳房といふ物をよく意識する、エオスの音を發する
三ヶ月目	一貫二百匁	物を握つて見頭を上げやうと試みる	一定の物を見詰めることが出來る。
四ヶ月目	一貫三百七十匁	頭が据つてぐらつかぬ、手が自由に握られる	鏡の中の物を見止めることが出來る。

○勞働格言

天は勞働せざる人を助けず。

汗を出さゞれば甘きものを得ず。

勞力より休息を生ず。
早く起る鳥は餌を得ること多し。
根の苦きものに甘き實を生ず。
勞働の外、人によき物を與ふるものなし。
人の精力を出して職務をつとむることは最もよき實事習驗の學問なり。
稼ぐに追ひつく貧乏なし。
健康は富に優れたり。

○道歌

無難が常をとふ人に

月も月花もむかしのはなながら
　みるものゝものになりにけるかな

生死をとふ人に

いきて居る物をたしかにしりにけり
　なけどわらへど只なにもなし

死て後をたしかにおもひしりにけり
　只なにもなしなきものもなし

應無所住而生其心

住む所なきを心のしるべにて
　そのしな／＼にまかせぬるかな

生死即涅槃

生死もしらぬ所に名をつけて
　ねはんといふもいふばかりなり

佛をとふ人に

世の中の人の心のかなしきは
　なきをたづぬる佛なりけり

いかにせんわれさへしらぬものなれば
　人にをしへんことのはもなし

○動物の力

小さい動物におもちやの車を輓かせてみるとその力は大體次のやうです。

芋　虫……自分の體の重さの二十五倍
大　蠅……百七十倍
叩頭虫……百七十倍

土蜂……………………………………三百倍
鋏虫…………………………………五百五十倍

○印刷文化の偉勳者

活版術の始祖…………グーテンベルヒ（獨逸人）
一四〇〇年—一四六八年

日本活版術の鼻祖……本木昌造（長崎の藩士）
應永七年—應仁二年

一八二四年—一八七五年
文政七年—明治八年

石版術の鼻祖…………ゼネフエルダー（獨逸人）
一七七一年—一八三四年
明和八年—天保五年

歐文植字機械發明者……マーゲンタン—
一八五四年—一八九九年
安政元年—明治卅三年

普通木版術の始祖…………デユラー（和蘭人）
一四七一年—一五二八年

木口木版術の始祖…………ベウキツク
應仁三年—享祿元年
一七五三年—一八二八年
寶暦三年—文政十一年

凸版術の始祖…………レムブランバ（和蘭人）
一六〇六年—一六六三年
慶長十一年—寛文九年

輪轉式寫眞凹版始祖…………カール、クリツシユ
（ボヘミヤ人）天保十二年生現存

○人間慾の變遷

私の學問から人間生活を見ると先づ人は最初生れてから一二年は無意識的生活であるが、追々三歳四歳になると意識的生活に這入る。そして第一に食物に對して欲望を起し、小さな食物よりは大きな食物が欲しい、何でもかでも多量に食物を欲望するのである、此の生活が十三四歳頃迄は續くのである。

それから十五六歳になると、性的欲望が眼覺めて異性を愛さんと云ふ欲望が熾烈となり、この爲には隨分お互惱まされ考へさせるが、中にはこの爲に尊き生命をも棒に振つて一生を破滅さする者がある。

次は二十三四歳から段々實生活の中に處して來ると、財産欲が猛烈な勢で人々を支配するこの爲に利己一點張の我欲に燃えて、中には法網にかゝる者もあるのである。それより三十歳前後から無形な名譽欲地位欲が發達して、只管是に專念になり他人を排擠せんとする者が、此の時代には多いのである。人の親になつて此處に子孫を愛護せんとする所の欲望愛着となるが、是は自己の生命の進展であり、正しく其の子孫を愛育せんとするが如きは、大いに進歩したるものである。

それから今度は郷土を愛する心が起る、卽ち隣人を善に導く愛他の價値ある生活であつて、博愛の一歩である。それが國家的人類的になつて治國平天下の治者の域で、優れたる世に謂ふ所の聖人がそれである。

更に卓越せる人は萬世の後に徹底する所の福音を敎ふる者であつて、これは神の域に達したる境涯である。世界の三聖卽ち釋迦基督孔子の如きはそれである。こゝに到達すると無我の愛に生きて小我はない、只民生の幸福を祈る全靈の光明が、六合を光被するものである。

これは人間の一般的進歩の經過である、それで是を人格の高下を計る天秤として周圍の人々を計ると、何の程度の人格者であるのかは大體知ることが出來る、自分の人格がこの天秤の何の位の者であるか嚴正に批判してみることは非常に大切なことである。お互この人格の天秤に計つて貰つて恥かしくない程度になりたいと努力する所に修養の價値があるのである。(三木醫學博士)

○自殺者の統計

自殺者の數は隨分莫大なものゝやうであります統計表に據りますと、日本では大正元年から同七年に亙る七ヶ年間に六萬九千八百五十一名の自殺者があつたといひますから、年々九千九百八十九名即ち一萬名ある譯になります。當時の日本の人口を假に五千萬人と見積れば人口百萬につき一年に二百名の自殺者があることゝなります、日本の死亡者の數を見ると大正二年から同七年までの一ヶ年平均は百十八萬三千九百二十一名であります。されば自殺者の數は死亡總數の〇・八四「プロセント」に當ることゝなります。西洋の新しい統計は手に入りませんが、シエルメルスといふ人の記載によると、一九〇〇乃至一九〇七年に亙る八ヶ年間に住民百萬人に對する自殺者の數は佛蘭西二百二十七名、英國百一名、獨逸二百九名、白耳義百二十四名であります。男女の數は男四に對する女一の割合だと云ひます。又シユパレコフといふ人の記載によれば、露西亞の自殺者は一九〇五乃至一九〇九年にわたる四ヶ年半の間に九千五百十名で、中男が六千四百七十九名、女が三千三十一名あつたとあります。

雜　錄

□發行所移轉　今般都合に依り奥附記載の如く發行所を移轉す。

□前巻正誤　前第八巻中左の通り正誤す。

經濟學説と實際問題

		誤	正
113頁	9行	米國國品の	米國品の
120頁	5行	一層國家精神	一層國家的精神
120頁	12行	こんなでは國運の	こんな風では國運の
123頁	11行	(は)社會の効能	社會上の効能
123頁	13行	精神を成し	精神を養成し
126頁	4行	販賣組合員は	販賣組合は

教化講習錄概要

□科目並に講師□

歐洲近代文藝思潮	文學博士	金子馬治先生
大戰後の世界現勢	ドクトル、オフ フイロソフイー	長瀨鳳輔先生
社會問題と思想問題	文學士	赤神良讓先生
社會教育	文部省社會教育課長	乘杉嘉壽先生
思想の變遷と流行語の研究	文學博士	藤岡勝二先生
兒童心理の應用	東洋大學教授	高島平三郎先生
經濟學說と實際問題	慶應義塾教授	淸水靜文先生
實用論理	東洋大學學長	境野黄洋先生
佛教文化の特徵	文學博士	椎尾辨匡先生
我國の政治と佛教	文學博士	村上專精先生
現代思想と佛教	ドクトル、オフ フイロソフイー	渡邊海旭先生
思想の表現と聽衆の心理		加藤咄堂先生
社會事業概說	內務事務官	齋藤樹先生
自治民政と佛教		加藤咄堂先生
我國の文化と神道	帝室博物館 祭祀神祇部主任	津田敬武先生
佛教各宗の安心		各宗諸大家

其他隨時科外講義として最近科學の進步幷に教化に適切なる講演を掲げ且つ每卷教化資料を添ゆ

□會員特典

特典　會費三ケ月分以上前納者に對しては質問券を添附し、講義科目に就き隨時質問の便を得せしむ

□期間並に紙數

每月一回（一日發行）、紙數二百頁內外、各科講義に長短ありと雖、全部十二冊を以て完結す

□本講習錄の五大特色

一、專門知識を通俗化し平易なる說述を以て民衆教化に好資料を提供するは本講習錄の特色なり。
一、教化傳道に從事する宗教家諸君に斷えず新なる教材話材を供給するは本講習錄の特色なり。
一、社會を教化し民衆を指導する人々に常に思潮の推移を知らしむるは本講習錄の特色なり。
一、各方面に於ける現代大家の執筆を請ひ讀者をして親しく其教を受くるの感あらしむるは本講習錄の特色なり。
一、質疑應答の欄を置き讀者をして其難解の個所に對して隨意に質問せしむるも亦本講習錄の特色なり。

本講習錄購讀上の注意

△會費御送附の節は「新規」若くは「繼續」と御記入ありたし
△會員住所氏名は間違を生じ易きが故に最も明瞭に記載されたし

會費	
一ケ月分	金壹圓
三ケ月分	金貳圓九十錢
六ケ月分	金五圓五拾錢
一ケ年分	金拾圓五拾錢

△會費は前金のこと、送金は振替にて新修養社へ御拂込を乞ふ、集金郵便を差出す時は手數料金拾錢を加ふ
△中途加入者にも第一卷より送付す

大正十一年八月廿八日印刷
大正十一年九月一日發行

編輯兼發行人　東京府豊多摩郡代々幡村代々木百八番地　加藤熊一郎
印刷人　東京市神田區三崎町三丁目一番地　百目木智璉
印刷所　東京市神田區三崎町三丁目一番地　株式會社共榮舍
發行所　東京市神田區三崎町三丁目一番地　新修養社　電話九段一四三三番　振替東京八二六四番

現代知識

敎化講習錄

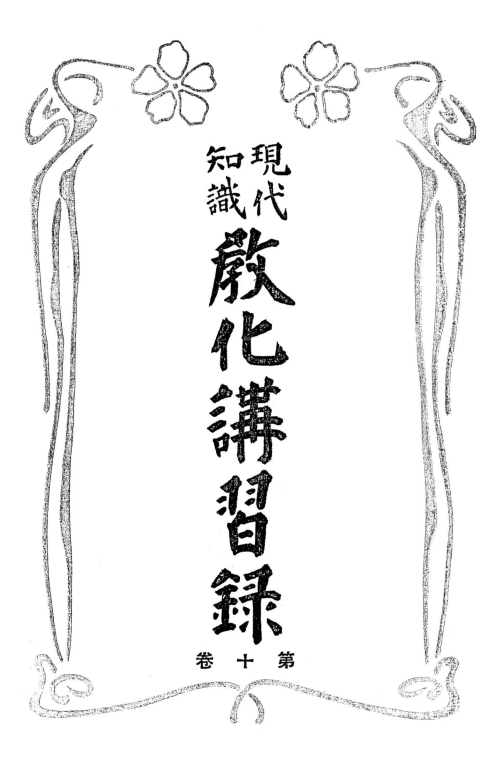

第十巻

現代智識 **教化講習録**（第十巻目次）

經濟學説と實際問題……（一四五—一六四）……慶應義塾大學教授　清水靜文
兒童心理の應用……（六五—八〇）……東洋大學教授　高島平三郎
實用論理……（八一—一一四）……東洋大學學長　境野黄洋
日本の文化と神道……（一四五—一五二）……帝室博物館祭祀神祇部主任　津田敬武
社會教育……（一四五—一六〇）……文部省社會教育課長文學士　乘杉嘉壽
大戰後の世界現勢……（一三二—一四八）……ドクトル、オブフイロソフイー　長瀨鳳輔
社會問題と思想問題……（一一七—一二四）……文學士　赤神良讓
自治民政と佛教……（一四五—一五八）……　加藤咄堂
科外講義　日本教育史上に及ぼせる佛教の勢力……（一—一二）文學士　横山健堂
教化資料……（一二三—一二六）……雜録……（一二六）……

三百圓の利益を得、三百箇を作れば、代價二千六百五拾圓にて、貳百五拾圓の利益を得る場合に於ては、特許權者は必ず其製造高を、自己に最大利益を生ずる二百箇に限るであらう。去れど之が特許品にあらざる普通の貨物なれば、幾多の製造者競爭して其供給を增加し、一箇の代價を或は九圓或は八圓五拾錢と、遂に唯普通一般の利益を生ずる點まで競下げ、製造者に於て長く餘分の利益を收むることができぬであらう。

(ろ)習慣の影響を受くるもの。魚類果實等の價は、多く需要供給の原理によりて支配せらるゝものなれど、湯錢、宿料、コップ麥酒の代價の如きは、大概習慣によりて定まりたる標準ありて、浴客、旅人、飲酒家等の增減と共に、日々變動するものでない。何となれば需要の增減につれて時々變更すれば人皆な厭惡の念を生じ、却て顧客を失ふ恐があるからである。

(は)豐凶政變等の影響を受くるもの。身命を保全するに必要なる米の產額に一割の增減あれば、其價は二三割も騰落する。之れ全く、足らざれば飢餓に迫るの恐あれど、餘りありとて餘分に消費することの出來ざるが爲である。又米國にて大統領の改選ある毎に、奢侈の性質を帶ぶる我が生糸の輸出貿易減少し、政界の情況定まるにつれて、其賣行よくなるは、皆な人の知るところであつて、又內地市場の景氣よき時は、縞柄の華美な物が捌け、惡しき時は地味な物のみ賣れるとは、太物屋の常に云ふところである。

第二、貨物其物の性質によるもの。

(い)需要增加すれば價格却て下落する物がある。機械製造品中には此特質を有する物が少くない。殊に出版物の如きは多く印刷する程安くつくを以て、需要の增加と共に、價格却て下落する傾がある。

(ろ)需要增加するも價格騰貴せざる物がある。普通の製造品は多く此性質を持つてをる。何となれば生產費を增加せずして、自在に供給を增加し得るからである。例へば燐寸、帽子、靴、足袋等の如きは皆な此種類に屬する。

(は)需要の增加につれて價格漸々騰貴する物がある。農產物の如きは其好適例である。何となれば、人口增加するにつれて、食料品に對する需要は增加する。去れど土地には限があるから、益多量の農產物を收獲せんとせば、愈餘計の土地を耕すか、又は同じ土地に高度の耕作を行はなければならぬ。されば農産物の價格の騰貴するも亦自然の勢と云はねばならぬ。

(に)需要増加すれば價格突飛に騰貴する物がある。供給に限ある物は此例にして探幽の畫、左甚五郎の彫物、正宗の名刀の如きは、需要何程増加するも、其供給を増すことができぬから、所望者の殖えるにつれて、價は非常に暴騰する性質を持つてをる。日清日露の戰役中急に古刀の騰貴したのも、之が爲である。殊に富の蓄積漸く増加し、人皆な必要品に不足なきに至れば、其餘財を此等の物品に投ずるもの益多く、從つて其價格の騰貴するも亦自然の勢である。

第八講　外國貿易政策及關稅

(い)外國貿易政策の變遷。

農業を以て國の本とせし中世の封建時代に在ては、諸侯は何れも其領土間に輸出入稅、通過稅等の制度を設けて相對峙し、各諸侯の領土は宛然一箇の經濟團體であつて、吾々が今日見るが如き國家、卽ち大經濟團體の間には別に何等の貿易政策も見なかつたが、近世紀に入り、コロンブスの亜米利加發見、バスコ、ダ、ガマの喜望峰の廻航等があつた以來、海外通商貿易の途漸く開くるに連れて、內地に於ける運輸交通の機關も漸次に改良せられ、隨つて外國品の競爭益激烈となつて、內地の產業組織を攪亂せんとする傾向ある一方に、火藥の使用、戰術の變遷、商工自由主義の發達は漸次に狹隘なる封建制度を崩潰して、中央政府の權力を强め、經濟組織も漸く變化し、國土全體を以て其單位となすに至つた。而して外國品侵入の壓力は、自から保護政策の必要を生じ、中央政府の發達は經費の增加を來し、歲入は金廻の善き商人、殊に外國貿易商より取立つるを最も便利とし、內地の產業を保護するには、關稅に依るを上策とする兩方の便宜相俟つて、重商主義（マーカンチリズム）と稱する非常なる保護政策が顯はれた。

而して十六世紀より十八世紀に至るまで、歐洲諸國は皆な競ふて此政策を採用したが、これ其時代に必要缺くべからざる制度であつて、或は工業を保護する爲に、新發明の機械、原料品等の輸出を禁止し、製造品の輸入には重き關稅を課し、植民地を專ら原料品の生產地、製造品の販賣場となす目的にて、全く其製造業を禁止し或は海運業を奬勵する爲に、本國と植民地との貿易は、悉く本國の船舶に依るにあらざれば運送することはできぬと定め、或は内地商工業者の生活費を安直ならしむる目的にて穀物に輸出税を課する等、保護政策はあらゆる方面に顯はれた。而して單に外國貿易政策に力を用ゐたるに止まらず、内部に於ても種々雜多なる法律規則を設けて商工業の發達を奬勵した。然るに國内の產業次第に發達し、區域の廣き國家的新經濟團體も次第に鞏固となるに連れ、干涉政策の弊害を感ずること愈甚しく、却て進步の妨害と認めらるゝに迨び、十八世紀の中葉より自由放任の主義は益其聲を高め、學者、政治家、實業家の聲は漸次に政策となつて現はれ、一八六〇年頃は、歐米諸國に於て保護主義より自由主義に遷りたる年であつて、それより十六七年の間、諸國皆な此新主義を採用することゝなつたが、一八七七年乃至八年の頃より、自由放任の弊害を認め、再び保護政策に立戻るの止むを得ざる事情となつた。加之今回の世界大戰中交戰各國は概ね自給自足の政策を採つたが、戰後の今日と雖も、保護の色彩が濃厚に存續してをる。此形勢は猶ほ容易に變化せぬであらうと思はれる。以上は唯大體に就て述べたのであるが、精細に云へば、諸國の取る所の政策には多少の相違は免れない。

(ろ)自由貿易と保護貿易。

自由貿易と保護貿易の利害得失に付ては、色々の説がある其上に、諸國の採るところの貿易政策も亦一定してゐない。次に聊か其議論の要點を述べてみやう。

第一、自由主義。自由主義論者の主張の要點を述べてみれば、地球上各地方の天産物と棲息する人々は各異なつてをる。だから甲に便利にして乙に不便なる産業があり、丙に利益ありて丁に不利益なる事業がある。何れの國と雖も、人間に必要なる總ての貨物を悉く平等一樣の便利を以て產出することはできぬ。必ず各特種の事業に適するであらう。されば個人間に於ける分業に利益あるが如く、各國の間にも亦分業の利益が存在すると云はねばならぬ。吾々は世界的分業によりて世界の產物を增加し人類の幸福を增進することができる。自由放任の結果は必ず此方向に進むのであるのに、態々人爲手段により、或る一部分の事業を保護するのは、是れ全く國際貿易に妨害を加ふるものであつて、分業の利益は之が爲に減殺せられる。

或る特別なる一事業を保護する爲に、外國品に保護税を課すれば、貨物によりては、其税額の一部は外國製造人の負擔となる場合なきにあらざれども、多くは內地に於ける賣價を高め、一般消費者の損害となるものである。而して此一般消費者の損失の一部は政府の收入となれども、其一部分は生產者の懷に入り、一部は不適當なる內地の生產業に於て、餘外の生產費となりて費やされ、何人の腹をも肥やすことなくして消滅してしまう。卽ち政府と生產者の收むる高は、消費者の失ふ高より少いから、啻に一國經濟の上に於て損失があるのみでなく、一部の人民より取りて之を他の人民に與ふるのは不公平の甚しきものである。自由貿易論者は大略斯くの如く論じてをる。

第二、保護主義。保護貿易論者の論據とするところは、主として左の三點に歸する

(一)產業の養成。外國貿易政策は時と所とに應じて變化すべき性質のものであつて、如何なる時如何なる所に於ても、平等一樣なる政策を採用することはできぬ。國家の產業猶ほ幼稚なる時代に在ては、外國品を自由に輸入して國民の需要を喚起し、內地に於ても之が製造に着手せしむるが得策である。併し一旦着手したる

曉に於ても、猶ほ矢張り從來通り、之を自由放任に付し置けば、外國品の爲に壓倒せられ、決して發達することはできぬ。何となれば本國の事業は猶ほ幼稚であつて資本も少なく、技術も拙なき上に、販賣の得意先も多くないのに、外國にては大資本を投じ、分業的大仕掛に依るのみでなく、旣に幾多の星霜を歷て生産上の經驗も積み、販賣先も定まつてをる。それだから外國に於て充分發達せる生産業ある場合に、之と同種の生産業を內地に於て創めんとする節には、如何程將來有望の事業にても、到底外品の壓倒を防ぐ事はできぬから、一時先づ之を保護してをいて充分發達を遂げ、能く外國と競爭することを得る樣になつてから、再び保護を解いて自由に放任せなければならぬ。是れ恰も子供を養育する樣なもので、成年に達する迄は、父兄が充分に之を監督保護し、生長して一人前になりたる後は、本人の望むところに一任し、勝手次第に立働かしむると同じことである。だから保護と云ふも漫りに加ふるのでなく、將來は必ず立派に獨立し、充分外國品と競爭する丈の見込はあるが、差當り外國の競爭あるが爲に、自由に放任して置けば、發達する事能はざる事業に對してのみ保護を加へ、見込のないものを徒に保護するのではない。即ち保護は一時の權道であつて、永久不變の原則ではない。自由より自由に移る迄の徑路に外ならぬ。

(二)内國市場の擴張。天産物の種類少なき小國に於ては致し方なけれど、領土廣くして種々雜多の産物に富む大國に在ては、成丈け外國品を輸入せず、内國品を輸出せず、自國に生産したる貨物を自國内にて販賣するを得策とする。何となれば遠方に送るよりも運賃丈け節約することができるからである。かくして農は廉價なる原料を供し、工は安直なる製品を給し、恰も車の雙輪の如く、兩々相提携して發達し、永久繁昌の基を開くのみでなく、多種多樣なる事業勃興し、國民の諸事業に對する技能を啓發することができるから、成丈け内地市場を發達せしむる樣保護することが肝要である。

(三)國家の安寧。國家の存立に必要なる産物は、成丈け保護を加へ、自國に於て生産せなければならぬ。武器等の如きは特に然りである。現下の如く列國對峙の世の中に在ては、各國孰れも其福利の増進を計らなければならぬ。自國の進歩を圖るは是れ取りも直さず、世界の文運を推進する所以であるから、必要なる場合には大に保護政策を採用すべきである。

第三、結論。列國産業發達の時期に前後があり、其勢力に强弱がある以上は、强者の蹂躪を防ぐ爲に、弱者に於て保護政策を取るは當然の沙汰であるのみでなく、學術の進步に連れて新工業斷えず顯はれ、先進國と後進國との別なく、何れの國にも皆な長幼の事業が雜生するから、大體自由主義を取る國に於ても、其中の幼稚なる事業は之を保護し、又保護主義を取る國に於ても、旣に發達せる産業は之を自由に放任し置くは勿論であつて、何れの政策と雖も、永遠に亘りて固執することはできぬ而して此等の兩政策は常に相前後して起り、一方のみ永續することのないのが普通である。

(は)關稅。

關稅とは國境に於て輸出入品に課する稅のことであるが、今日は輸出品に稅を課することは殆どなくなり、僅に其面影が殘つてをるのみである。例へば祕露のグアノ肥料、智利の硝石、伊太利の硫黃等の如く、獨占的性質を有し、多少價格が高くても、外國に於て購入せざるを得ざる貨物に、輸出稅を課する場合がある。しかし大體より云へば、世界各國皆な此種の稅を廢止し、關稅とし云へば、直ちに輸入稅を意味するやうになつた。

第一、輸入稅。輸入稅を分てば、收入稅と保護稅の二つとなるが、しかし兩者の間實際上判然たる區別をなすことは六つかしい。或は保護稅中に收入稅の性質を帶ぶるものもあれば、收入稅中に保護稅の臭氣を存するものもある。去れど大體から云へば、收入稅は主として內地に產せざる輸入品、及國稅を課せられたる內國品と均衡を保たしむる爲に、外國品に課するものであつて、保護稅は內地の產業を保護奬勵し、之を充分に發達せしむる爲に、外國品に課する關稅である。

第二、稅率制度。輸入稅の定め方には、種々の方法があるけれども、其主なるものを擧ぐれば(一)一般稅率制度(二)一般及協定稅率制度(三)最高及最低稅率制度の三つとなる。

(一)一般稅率制度。此制度は一に之を國定稅率制度と云ひ別に他國に相談することなく、自國のみにて定めたる稅率を、均しく各國に適用する法である。此稅法は自國のみにて用の足りる程種々の天產物に富み、別段他國と交易するも左程の利益なき國に於て、自國の產業を發達せしめんが爲に、禁止稅を課する場合に採用するか、然らずんば何程外國より競爭を受くるも、恐れざる程度迄產業の發達したる國に於て、自由主義により、唯收入を目的として徵收する場合の外は、採用することができぬ。何となれば、今日に於けるが如く、自國の產業を發達せしむると同時に外國に於て確實なる市場を得る爲に、適當なる保護を與へんとする場合に、斯く平等一樣の制度を採用すれば、得意先の感情を害し、之をして復酬稅を課せしむる恐があるからである。

(二)一般及協定稅率制度。此制度に於ては、自國產業の發達を謀ると同時に、世界の市場に於て確實なる得意先を得んが爲に、經濟的關係の深き或る國と、特に通商條約を締結し、協定によつて其國との間の貿易品に限り、相互に稅率を安くし、其他の諸國に對しては、一般稅率を適用する方法を採用するものであつて、畢竟貿易品と取引國との模樣によりて、一般稅率と協定稅率とを適度に混合して定むる仕組であつて、文明諸國は大抵此制度を採つてをる。

(三)最高及最低稅率制度。(二)の制度にては、他國と通商談判をなす節に、或は特に保護せざるべからざる産物を除外し、或は條約全部の成立を不可能ならしむる恐があるから、先づ法律にて豫め最高率と最低率とを定め置き、特約なき國には一般普通に最高率を適用し、特約を結ぶ節には、最低率を下らざる範圍内に於て、自在に條約を締結する權能を政府の當局者に與へ置く仕組である。一體一般及協定税率制度にては、條約全部の成立を見んが爲に、特に保護せざるべからざる産業を毫も保護せざる場合を生ずる弊があるから、其缺點を補ふ爲に、豫め最低率を定め置くこと必要であるが、元來此制度は大に政府當局者の活動範圍を制限し、最低率以上に於て、程よく協議の調ふことは稀であつて、強ひて最低率を保持せんとすれば、相手國と關税戰爭をなし、從つて産業の發達を害する恐がある。故に(三)の制度よりも寧ろ(二)の制度を採用し、當局者をして自在に活動せしめ、輿論と議會とに於て之が監督をなすが便宜であらう。

第三、課税の方法。　課税の方法には從價税と從量税の二つがある。

(一)從價税。　從價税とは輸入貨物の代價を標準とし、百分率によりて其税額を定むる法である。

されど、貨物の代價を定むる事は頗る六ケ敷く、或は輸出原價、或は是に諸雜費を加へたる價、或は輸入地の賣價等色々あるから、我國にては標準代價を仕入地、產出地若くば製造地の原價に、荷造費、運送費、保險料其他の諸費用を加へたるものとした此法にては稅額が代價に比例するから、課稅の負擔を公平ならしむる利益があるけれど、課稅算定の標準となるべき輸入商の提出する荷送證書には脫稅の目的にて、實價より安き價を記載するものが少くない。故に此弊を防ぐ爲に、或は稅關に買上の權を附與し、或は評價人の評價によることとありて、頗る面倒であるから、我國にては從價稅に代ふるに從量稅を以てする便宜を與へてある。

(二)從量稅。從量稅とは課稅の標準を外形に採る法であつて、品質の鑑定は矢張り必要であるが、從價稅に比ぶれば、評價の手數丈け省ける譯である。卽ち面積、容積重量、箇數、及品質等を課稅の目安とするから、頗る簡單であるが、往々稅額と市價と比例せぬことがある。高價の物品が安き稅を拂ひ、安直の物品が高き稅を拂ふ恐がある。されど從量稅は從價稅に比ぶれば、最も困難なる評價の面倒を除き、簡單にして便利であるから、諸國の大勢は從價稅より從量稅に移る傾がある。

第四、差別關稅。差別關稅とは或る特殊の場合に關稅を輕減し、又は附加することを云ふ。例へば植民地の產物の輸入稅を輕減し、或は輸入港、輸入方法等に依り、差別を立つるのである。

第五、輸出奬勵金及割戾金。

(一)輸出奬勵金。奬勵金を附與されたる貨物は、外國市場に於て、それ丈け安く賣るも勘定に合ふから、結局安く賣ることになる。安く賣れば買手は增し、賣口弘まると同時に、內地の產業が發達する。それだから、販路を確實にし、且つ內地の產業を發達せしむる爲に、古來屢採用されたる政策であるけれども、相手國に於ても同樣に奬勵金を與へ、又は輸出國に於ける奬勵金と同額の保護稅を課せらるゝ時は折角の奬勵金も其效がない。又共に競爭して奬勵せば、唯世界の市場に於て奬勵政策の目的物たる貨物の市價を押下げ、國庫の支出を增加するのみであつて、一向生產者の利益とはならぬ。且又一方の國に於て與ふる丈け、他の國にて課稅額を高むれば、一方の國庫より他の國庫に金員の移動する結果を生ずるのみであるから、此政策は漸次下火となる傾向がある。

(二)輸出割戻金。輸出割戻金は其名は異なれども、實質上より云へば、奬勵金と同様の働をなすものであつて、此法は初め内國産を輸出する場合、又は外國より輸入したる原料品にて製造せる貨物を再び輸出する節、其産業を奬勵する爲に、一旦内地にて課せられたる輸入税を拂戻す仕組であつて結局其種の輸出品は初より課税を免ずる政策である。而して此奬勵法の恩惠を蒙むる産業は、生産業の進歩改良より生ずる生産費減少の利益を受け、益奬勵せらるゝことゝなるが、其結果は矢張り奬勵金の場合と等しく單に世界の市場に於ける市價を下落せしむる傾向があるのみである。故に此奬勵法も亦次第に廢止せらるゝ運命となつた。

第六、外國品陳列場並に輸出品陳列場。輸出奬勵金及輸出割戻金には前に述ぶるが如き弊害があるから、國内到る處の重要都會に外國の流行品を陳列し、内地の商工業者をして、外國向貨物の製造販賣に便宜を與へ、且つ内外樞要の地に、内地産の陳列場を設立して、外國人の嗜好を引き、且つ購入に便ならしむると同時に、内外の商習慣、關税、輸出入手續、荷造、保險等に關する報道法を設けて、商工業を奬勵するの得策なることは、各國の共に認むるところであつて、彼の世界大博覧會、内國勸業博覧會の如き、一時的のものたると、商品陳列場、勸工場の如き永久的のものたるとを問はず、諸國政府は皆な巨額の費用を投じ、相競ふて之が開設をなすの傾向がある。

第九講　維新以後に於ける外國貿易の大勢

(一)輸入超過の時代(自明治元年至同十四年)。右十四年間に於て、僅に明治元年と明治九年の二箇年のみ些少の輸出超過を見たるに過ぎぬ。而して此十四年間に於て商品の入超七千七百六十萬圓、正貨の流出七千八十萬圓に及んだ。

我國は寛永年間に鎖國令を發布して以來、長崎に於て支那人と和蘭人に僅か計りの貿易を許す外、諸外國との通商は一切之を禁止した。爾來太平の夢を貪るもの百五十年、歐米の物質的進歩は殊に著しく、安政條約によりて港を開放すれば、外國の貨物忽ち侵入し來り、其便利にして實用に適する點より見るも、又價格の低廉なる點より云ふも、遠く我國產の及ばざるところである。一も舶來二も舶來と外品の歡迎せらるゝこと一通りでない。此時代に染込んだ舶來熱が、今日に至るまで其餘勢を保つてをる。實は內地製でありながら、或は外國品と稱し、或は外國のマークを附けねば、販賣上不利益だとのことである。

(二)輸出超過の時代(自明治十五年至同二十六年)。

右の十二年間に於て、僅に明治二十三年の一箇年のみ輸入超過を示せるに過ぎぬ而して此十二年間に於て、輸出超過約七千萬圓に上り、金銀の入超約二千六百四十萬圓となつた。

前にも述ぶるが如く、明治十四年に至るまでは外品の氾濫時代であつたが、其後日清戰爭前に至る間は、歐米の科學、經濟組織、機械等の採用、習得の時代である。外國の文物に心醉したる國民はかう考へた。苟くも文明國の仲間入りをするには是非共、學問なり、實業なり、法律なり、制度なり、皆な悉く彼等に則らねばならぬと。西洋文明を輸入するには、我國の舊文明を總て破壞するより外途はない。森文部大臣が殪れたのも新舊兩思想衝突の飛沫に過ぎぬ。

(三)日清戰爭後の產業勃興の時代(至明治三十六年)。

外國貿易輸出入（

二六年　約一七八、〇〇〇、〇〇〇圓
三一年　約四四三、〇〇〇、〇〇〇
三六年　約六〇七、〇〇〇、〇〇〇

明治十五年より二十六年に至る間、孜々として泰西の文明を輸入し、早や旣に相當の準備整ひ、貿易も輸出超過に轉じたる矢先、乾坤一擲の日清戰爭が始つた。それ迄は西洋人等も支那は眠れる虎であると怖れて居た。迚ても日本が勝つ氣遣はないと考へてゐた。ところが豆粒のやうな日本が、世界の大國支那を見事に打破つた。丁度波斯の大軍を希臘の小兵が擊退して自覺心が起り、闇夜に電光の閃くが如く、太古の世界に於て燦爛たる光彩を放つたやうに、我國も亦戰捷の結果、意氣大に揚がり、各方面の發達を遂げた中にも、產業の進步殊に著しく、外國貿易の如きも前揭數字の示す通り急激に增加した。

(四)日露戰爭後の保護政策の時代(借金政策の時代)

日露の役は我國に取りては、未曾有の大戰である。莫大なる軍資金が入る。此軍費の一部は租稅の增徵により、大部分は內外の公債によりて之を調達することゝなつた。非常特別税の名の下に明治三十七八年の兩度國定税率の引上を斷行し更に四十四年七月新關税定率法の實施と共に、非常なる保護貿易國となつた爲に輸入貿易が大打擊を受けた。殊に戰後の借金政策と相待ちて通貨の膨脹となり物價の騰貴を來したる爲、輸出貿易も亦大障礙を被りて、結局貿易全部が沈滯の狀態に陷つた。次の表はよく此間の消息を物語つてをる。

		輸出入合計
明治三六年	約	六〇七、〇〇〇、〇〇〇圓
同　四〇年	同	九二七、〇〇〇、〇〇〇
同　四五年	同	一、一四六、〇〇〇、〇〇〇
大正　二年	同	一、三六二、〇〇〇、〇〇〇
同　三年	同	一、一八七、〇〇〇、〇〇〇
同　四年	同	一、二四一、〇〇〇、〇〇〇

(五) 歐洲戰爭勃發後の輸出超過の時代（借金返濟の時代）

（貨物）輸出	輸入	合計

等の基礎科學を初め其の他の補助科學が一般に進んでゐる。此の點より見れば、幼稚園の方法は、大に不完全な所があるゆゑ、之を改正してゆかねばならぬ。併しフレーベル氏の主義とした所は、永久の眞理であると見てよい。何となれば、人は到底自然の拘束を脱することは出來ぬ。併し其の囚れは能く他の自然の法則の利用によつて之を脱して自由になることが出來る。卽ち自然を以て自然を制してゆくのである。フレーベル氏の主義は卽ちそれであるので、兒童の自然の性狀に從つて社會に必要な活動を擇んで助長してゆくのである。故に此の主義は、永久に繼續すべきものである。又一方から考へてみると、如何に自發活動が盛であつても、此時期には記憶が薄弱である。故に幼稚園の兒童に、小學校及び中學校の兒童を扱ふやうに學習を强ふることは不可能である。是を目的として幼稚園を始めることは、非常に間違つたことといふべきである。保育の目的は、活動の習慣を與へるにある。固より習慣も筋肉の有機的記憶であるが、之は意識的記憶とは異つてゐる。斯る習慣は、決して成長の後にのみ出來るものではなくて、生後直ちに出來得る性質のものである。殊に活動の方面に關しては最も習慣がつき易い。

斯る事實から幼稚園に於ては良き習慣をつけることを目的とするのである。即ち兒童に毎日一定時に一定の遊戯をさせて、不知不識の裡に良き習慣を養はせることを幼兒保育の根本とせねばならぬ。故に種々の取扱をなして折角出來た習慣を打破するやうなことは、保育に於ては特に戒めなければならぬ。朝起きる時から食事のこと遊戯のこと等總て次第順序を經て自然と規律の出來るやうにすることが大切である。

變化の愛好　一般に兒童は變化を好むものである。其の理由には二つある。其の一は、すべて心身の活動及び發育には律動があつて、一定時に一定の變化を現すものである。決して何時までも同じ狀態で同じ働をなすことはない。律動は必しも心身の活動及び發育の上に限つて存するものではなく、活動に伴ふ自然法の一と看做してよい。四時の循環、天體の運行の上にも行はれてゐる。人は自然界の一實在であるゆゑ、自然法の支配を脫することは出來ぬ。成人にあつては、自然の法則を以て他の自然の法則を制御してゆくことは出來るが、全體から觀れば、自然の支配を脫してゐるのではない。殊に兒童は、成人のやうに斯る複雜高尙なことは出來ないので、自然の律動に支配されることが著しく目立つのである。故に一事に長く堪へることは不可能で、直ちに變化を欲する。兒童は幼なければ幼ないほど自然法に抵抗することの出來ぬものである。其の二は、兒童が早く疲勞し易い爲である。兒童は成人に比し非常に早く疲勞する。其の感官の如きも、十分に發育してゐないためや、又は十分の鍛錬を經てゐない爲に、眼は一物を暫く見詰めてゐても直ちに網膜が疲れ、耳は一つ音を注意して聽いてゐると直ちに聽神經が疲れる。此の疲勞し易いことから兒童は一の刺戟の永續を厭ふ傾向を現すのである。以上の理由によつて、此の時期には繼續が困難である。故に幼稚園の遊戲などでも、十分乃至十五分位で變へてやり、縱令一事を續けるにしても、其の間に變化を與へて、疲勞の恢復を圖ることが必要である。幸にして此の時代の兒童は、成人よりも疲勞し易い代りに、早く疲勞を恢復するものである。故に僅の休息によつて、又直ちに心身が新鮮の狀態に復する。故に成人には長く續けて仕事をさせて又長く休息させることが利益であるが、兒童には短く事を課して又短く休息させることが必要である。

以上の理由により又此の時代の兒童には、好奇心が頗る盛である。併し此に所謂好奇心とは、自ら進んで探究しようとするやうな高尚な意味のものではなくて、寧ろ求智心といふべきものである。幼稚園時代の兒童は、頗る新奇の對象を欲し、感覺の如き、常に新奇の對象を追求し、又交覺に異つた感官を働かせようとする。故に兒童の注意力を保たうとならば、種々異つた感覺に色々の刺戟を與へてやらねばならぬ。

把持本能　把持本能は、嬰兒期に於て早く既に現れてゐるのであるが、此の期に至つて最も盛に活動する。即ち幼兒は、物を自分の自由に玩んで見たいとの衝動よりして、如何なる物でも手にしようとするものである。是れ此の時期には前期よりして感覺の活動が盛なので、其等の感覺の十分なる活動を助ける爲に斯る本能が現れてきたのである。前にも述べたやうに、感覺は所動的に刺戟を受けるのみでは十分に發達しない、運動によつて能動的に經驗するに至つて始めて精細に發達するものである。故に把持本能が感覺の發達に與るの力は、頗る大である。又是等の運動本能の發現は、意志作用を發達せしめる所以である。是れ意志の機闘たる筋肉の使用と、意志を運動として表出する作用とは、共に意志作用を發達せしめる所以であるからである。尙ほまた把持本能の發現は、兒童の自我の範圍を擴大するものである。是れ彼等が外界の事物を自己の自由に玩ぶことによつて、自我の支配の範圍を擴めてゆくことが出來るからである。

玩具　把持本能に基いて玩具の必要が生じてくる。玩具は、我國の言葉に於て「持て遊び物」といふが、此の言葉は玩具の本質をよく言ひ現してゐる。卽ち玩具は手に持つて遊ぶ物であつて、決して單に見たり聽いたりするものではない。兒童の把持本能の發現を利用し、之によつて將來種々の精細複雜な活動に堪へ得るやう敎育する爲に與へる種々の物品が、卽ち玩具なのである。若し兒童に玩具を與へないならば彼等は家庭に於ける父母の必要な道具を持出して遊ぶであらう。又是等のことを全然禁ずるならば、彼等は樹木土石の類を以て遊ぶであらう。是等の家具や自然物を兒童の隨意に委すことは難いことであつて、彼等の自由に委すときは、或は破壞し、或は汚し、家具などを大切にせぬ惡習慣を獲るに至るであらう。又自然物と雖も宛も兒童の喜ぶに適した物を得ることは必しも期せられぬ。

隨つて兒童の玩ぶに適した品物を造つて、十分に此の本能を滿足させるやうにせねばならぬ。故に玩具を與へるのは三歲以前に於ても必要であり、又七歲以後に於ても大切であるが、最も盛に玩具を要する時は幼稚園時代である。幼稚園の保育は全く玩具と遊戲とによつて成立するのであるゆゑ、此の時代の兒童を扱ふには、玩具に就いて最も注意せねばならぬ。

以上の理由によつて、何物でも玩具となし能はぬものはない。併し兒童の喜んで要求する物は何であるかといふことを考へ、其の自然の性情に從つて之を選擇することは必要である。卽ち兒童は自然物中に於ても、動物を愛する者であつて、愛養動物は各國の兒童に於て略々定つてゐる。又此の時代の兒童は、童話や英雄物語等を喜び且つ次第にそれ等を記憶してくるゆゑ、是等の童話又は英雄物語の中に現れた人物の像等はまた兒童の愛するものである。其の他總て運動を現すもの又兒童の意思に隨ひ種々變化し得るものは、如何なる種類の玩具に拘らず、兒童の一般に愛するものである。

玩具には色々の種類がある。是を分類するにしても、實際の品物に就いて分けることも出來るし、又其の玩具が兒童の精神に及ぼす働の上から分けることも出來る。是を精神に及ぼす働の上から分類すれば、感覺の練習を主とするもの、智力作用を養ふことを主とするもの、美情を養ふもの、德性を進めるもの、意志を鍛練し筋肉の作用を進めるもの等に分つことが出來る。併し前にも述べたやうに、玩具は皆手に取つて弄ぶ事を主とするものであるゆゑ、感覺に訴へぬ物はない。何の玩具でも感覺の練習にならぬものはない。が、唯其の中で主として視覺又は聽覺に訴へる物、或は皮膚の感覺・筋肉の感覺等を養ふといふやうに、同じ玩ぶに就いても、主として刺戟を受ける感覺によつて分類するのである。味覺や嗅覺を養ふ物も全く無いことはないが、是等の玩具は、殆ど玩具として成立するものはない。又智力を養ふものには、想像作用の修練になるものがある。其の修練にもまた、復現想像及び構成想像の區別をすることが出來る。復現想像は、要するに一の記憶作用である。之を養ふ玩具は、種々のことを記憶してゐなければ出來ないといふやうな種類のものである。又玩具を材料として自己の考によつて組立てて行くものがある。又推理判斷の力を養ふものもある。併し是等は此の時代に主として用うべきものではない。此の時代に智力を要する玩具を與へるのは、徒らに兒童を昏迷させて害があるとも益はない。されば簡單な心力を養ふもので滿足せねばならぬ。又美情を養ふ玩具に就いては、殊に注意を要する。一體に趣味の修養は種々の點に於て必要であつて、兒童に與へる玩具に就いても之に注意せねばならぬ。例へば、玩具の色彩の如きも、其の愛好が自然に將來美情の發達の助けとなるやうに注意することが必要である。又形狀に就いても、よく均齊を保ち、比例を失はず、調和を害せぬやうなのを選ぶがよい。又玩具が意志の修養になるといふことは、前に把持本能が意志の發現を助けるといふことを說いたに依つても明である。されば玩具は、兒童が唯受動的にそれを見るのみでなく、自ら進んでそれに依つて運動を行ふ事が望ましい。例へば、鞠のやうな物でも、兒童は之に依つて手足を運動させるのである。此の如く、自己の考によつて運動することの出來るものを選むべきである。

又玩具によつて品性を修養することも甚だ有效で、一般に行はれ易い。例へば、纖弱な玩具を玩ぶ者は、自然に兒童の考が一時的になり易いゆゑ、なるべく堅固なものを與へるがよい。勿論兒童は前述の如く、物の變化を喜ぶ傾向があるゆゑ、玩具も種々に變へてやることは望しいが、猥りに之を壞すのを以て好奇心又は求智心の發現であると喜ぶのは誤つてゐる。縱令破壞によつて物の眞相が分るにしても、斯る性質が次第に發達してゆくと、非常に害になる。例へば、がら〳〵煎餠といふ物があつて、壞はして見ねば何があるか分らぬ、壞して調べてみると探究心を養ふ、故に敎育上良いといふ者もあるが、是れまた甚だ誤つてゐる。第一に意味がない。煎餠の中からは色々の物が出て來ても、煎餠と其出た品物との間には價値ある關係はない。されば是は投機心を養ふ第一歩である。自己の相當の努力を要せずして結果のみを得るやうなものは、最も避けねばならぬ。且つ斯る煎餠は、食物と玩具との混じた物で、殊に面白くない。併し是も物を變へて、例へば桃の玩具があつて、それを次第に割つてゆけば中から桃太郎が出てくるといふやうなのは、童話と關係があるので別問題であつて、兒童の好奇心を養ひ、又兒童の他で習つた事との關係を保たせてゆく利益がある。一體我國の人が短氣で忍耐に乏しいといふのは、種々の原因から來た國民性であつて、必しも幼兒敎育の誤謬に歸する譯にはゆかぬが、是等の缺點を漸次矯正してゆかうとならば、兒童に與へる玩具にも大に意を用ゐねばならぬ。就中最も好ましいのはゴムの玩具である。ゴムは、形狀を變ずることが出來、容易に壞れず、消毒や洗淨に便利である。此の如く、容易に屈せず、汚れても又新にするとやうな習慣は、非常に望ましいことである。品性上からも氣品の養成上からも、敎育上最も有效のことである。此の時代の兒童には、それによつてよく「お前も苦しいことがあつても辛抱して容易に屈してはならぬ、此のゴム人形のやうに如何なる困難があつても直ぐ跳返へして元のやうにならねばならぬ」といふやうに、機會を捉へては直に兒童を敎訓し得るやうな玩具が好ましい。其他すべて忍耐せねば出來ぬやうな玩具は、兒童の性情に從つて適當に擇んで與へれば、兒童は自ら己の缺點を補ふことが出來る。例へば、物を組立てるなどの忍耐力に乏しい子供には、組立ててみると面白い形が出來るやうな玩具を與へ、辛抱して之を組立てて見るといふやうに導いてゆくのである。其の他兒童の個性に應じて其の長所を擁護し、其の短所を補つてゆく爲に、父母や敎師が少しく注意すれば有益の玩具を得ることが出來、又之を造ることも出來る。要するに玩具は、此の時代の兒童の精神の働の上から見ても、又之を保育に應用する上から見ても、甚だ大切のものであるゆゑ、種々の方面から十分に研究せねばならぬ。

色彩の愛好　色覺は後れて發達するもので、嬰兒の色覺は甚だ不完全にして、殊に色と其の名稱との結合は困難である。加之色を抽象して考へることは殆ど出來ぬ。故に常に稱ふる色は大概物の名によつてゐる。蜜柑の色、オリーブ色、栗の色といふやうに、具體的に物に附屬して現すのが多い。然るに三乃至七歲に至れば、色の名稱と色其物とを結合して其の觀念を作り得るに至る。併し初に認め得るものは原色に過ぎぬ。原色とは赤・黃・綠・靑の四色である。此の四色は最も早く兒童の注意を惹く。其の理由は種々であらうが、概して言へば、是等の色は自然に於ても人爲に於ても最も多く目に觸れる機會があるのと、又生活上必要な色である爲とである。卽ち赤は動物の血の色で、約說原理の上から說明して見れば、敵を殺した時にも或は食物を獲た時にも皆此の血を認める。自己や親しい者の殺される場合にも、怪我をした場合にも必ず血を見る。故に血は人類の進化過程に於て强い刺戟を與へられてゐるので、殆ど先天的に注意を惹くやうな傾向を生じてくる。それが兒童に現れて赤色には最も多くの注意を惹くのである。綠は植物の色で、野菜の色は皆綠である。又綠は疲勞を慰し、強い刺戟を和げる。黃色は土の色で、穴居時代には人類の常に親んだ色である。青は天の色、水の色である。此の如く是等の色は、人間の環境に最も多く現れてゐる色である。併し是等は約說原理の上から說くまでもなく、生理的・物理的に兒童の眼に強い刺戟を與ふるもののみであるゆゑ、自然に其の注意を惹くのである。此の如くして兒童は此の四色に對して早く注意し且つ愛する傾を生じてくる。

是等の原色の濃淡に就ては、兒童は最も濃色を好むものである。是は恐らくは一面には、兒童の視神經が未だ薄い色に反應するだけに十分發育してゐないのと、色に伴ふ種々の歷史的關係或は心理的準備が十分に進まぬ爲であらう。未開人や原始人も亦兒童と同じく濃色を好む傾がある。併し兒童の色彩に對する愛好は頗る變化のあるもので、個性によつて趣味の上に差異あることは勿論、兒童は其の愛する人間の好きな色や著物の色を愛するやうな場合がある。故に兒童の色に對する好惡を以て直ちに一般兒童の思想と見ることは出來ぬ。要するに色に對して注意を多くし、又色の無い物よりも著色物を好むやうになつてくるのは此の時代である。されば保育及び家庭教育に從事する者は、兒童に見せる繪などには適當の色彩を施し、且つ兒童の注意を惹く爲には、濃厚の原色を用ゐるやう注意すべきである。

摸擬本能　兒童がよく摸擬するといふことは、普通の人も注意して一般に稱へることである。凡そ兒童は單に他人の爲すことを摸擬するのみならず、自然の者でも運動でも之を摸擬する傾がある。此の本能は最も早く現れるものであつて、運動が自由になると不完全ながらも摸擬を始める。例へば、一歲前後に於て歩行が自由になれば簡單な刺戟を受けても直ちに之を眞似て其の運動を試みるやうなことがある。併し是が盛に現れてくるのは二歲から三歲の間である。何故に此の時期に盛に摸擬本能が起るかといへば、社會的生活を營むの必要な準備を爲すためである。元來、摸擬作用は社會の組織に最も必要な條件であつて、人類の社會心の基礎をなすものである。故に此の時期に兒童が學校生活を營み又廣く社會的生活を營む準備として此の本能の現れるのは極めて必要である。

摸擬の説明は生物學的にも社會學的にも説明し得るが、心理學的に説明してみると、之は外界から受けた刺戟が、意識の中心を占めて、直ちに神經に衝動を與へ、遂に外界に發表されるのである、 大人に於ては、外界より刺戟が來ると、自己の意識中にある主義信仰から見て、否認した場合には全く其のことを受取つたといふだけに止めて置き、是認した場合は初めて之を感情によつて意思として外界に現すことになるのであるが、兒童に於ては、斯く意識の中心を占める主義や信仰といふものがないので、外界から強い刺戟が來れば直ちに運動を起すのである。 されば兒童に限らず、自己に確信なく主義なく識見なき者は直ちに他を摸擬する。 斯る者を被暗示性に富んだ者といふのである。

摸擬は吾々の精神を發達させるものである。 如何なる創始的の者でも、其の初めは何物かを摸擬して得るのである。 されば摸擬は社會の發達に缺く能はざる精神作用である。 併し摸擬ほどまた一面に危險のものはない。 惡事を覺え、品性が墮落するのは、摸擬によることが甚だ多い。 是は不良少年墮落の原因の重要な一つである。 故に兒童に於ては大に注意して之を善導せねばならぬ。 もと摸擬は本能であるゆゑ、全く之を禁ずることは出來ぬ。兒童が惡事を眞似るやうな場合、之を如何に處置すべきかは、敎育上の大問題である。之は個人の場合々々に應じて適當の方法を採らねばならぬが、概していふと、積極と消極との二方面がある。即ち一は摸擬することとの出來ぬやうに刺戟に遠ざからしめることである。併し之を絶對に行ふことは不可能であつて、社會から孤立して兒童を育てることは、出來ても危險である。されば他方に積極的方法を要する。即ち兒童が惡事を眞似る場合は、今現に受けつゝあるよりも更に强い他の良刺戟を與へて、兒童の興味を其の方へ轉換させるのである。併し此の方法は餘程巧みに應用せねば成功し難いゆゑ、なるべく消極の方法をとるを以て安全とする。

聯想　吾人が嘗て經驗して作つた所の甲の觀念の緣によつて乙の觀念を再生したならば、是等甲乙兩觀念の間には、何等かの緣によつて聯合が成立してゐたのである。此の如く吾人の經驗は、互に孤立して存することなく、觀念と觀念との間には、緣によつて聯合が出來てゐるものである。故に後日甲を憶起することによつて、更に次々に聯合を有する所の乙・丙・丁……などの觀念を憶起することが出來るのである。例へば、學校によつて先生を憶起し、先生によつて教壇を憶起するが如きは、其等學校・先生・教壇といふ各觀念の間に、緣によつて聯合が出來てゐるからである。此の如く觀念と觀念との聯合を、觀念聯合又は聯想と名づける。然らば其の緣とは如何なるものかといふに、それには二種ほどあつて、其の種類に依つて聯想を二つに分ける。

第一は接近聯合といふので、空間上・時間上に於て接近又は繼續して經驗されたものが互に聯合したのをいふ。例へば甲の坐席によつて其の隣なる乙を想出したり、午砲を聽いて晝食を想出す如きである。第二は類似聯合といふので、性質・形態等の類似又は相反したものが互に聯合せるをいふ。例へば、扇によつて富士山を想出し、白によつて黒を想出す如きである。但し學者によつては、接近聯合を、接近聯合と繼續聯合との二に分ち、類似聯合を、類似聯合と反對聯合との二となし、四種に分つものもある。

さて幼兒前期に於て盛に現れる所の聯合は、主として類似聯合である。固より接近聯合も現れてはゐるが、前者ほどに顯著ではない。子供の想像が盛であると

と同品とが一部或は全部周遍して居ても、異品と一部或は全部周遍したとしたならは、これ不正因である。

(十八)

(十九)

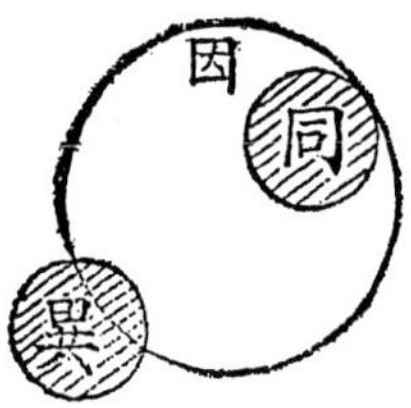

(二十)

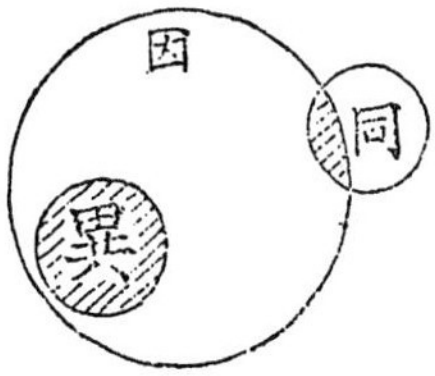

(廿一)

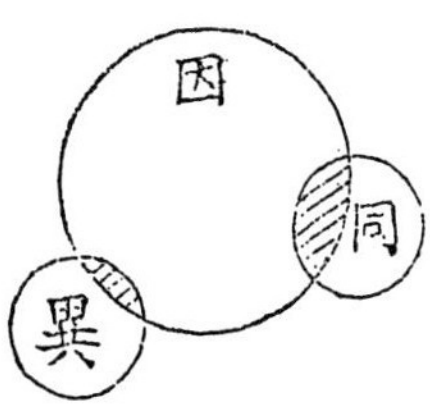

これ皆不正因で、つまり因と同品との關係に不正はないのであるが、異品が、全部或は一部因に關係して居る點に於て不正となつて居るのである。 それから因と異品とは全然關係なく、其の點では差支がない場合ならば、

(廿二)

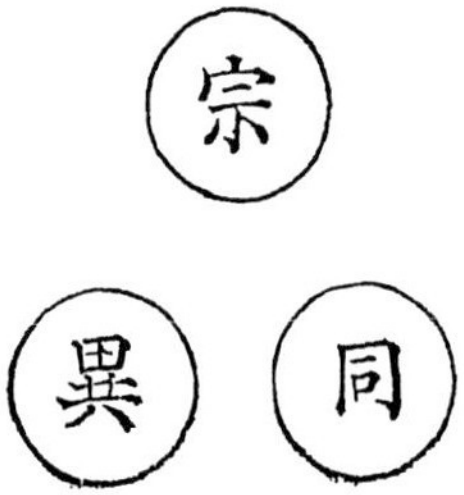

といふ樣に、同品が全く宗と關係がない場合は、これ不正因である。此等は皆不定過を成すものであるとする。

第一、共不定

共不定といふものは、同品も異品も、共に因相周遍して、二者共に、因の範圍內にある場合を指すので、圖の第十八に當るのである。

神樣はあるかないかといふと私は在る樣に思ふ、何故かといふと私どもの心に神といふ觀念があるからです。

之を論式の形にすると、

神は實在す

吾人の心に其の觀念あるが故に

この宗と因とは、喩に來て「吾人の心に觀念あるものは總べて實在す」といふ同喩の理喩となり、「實在せざるものは吾人の心に觀念なし」といふ異喩喩體となる。

然し「我々の心に觀念として存するものは必ず皆實在する」といふ筈はない、宇宙間に無いものでも、我々の心に觀念として存し考へられることが出來るし、異喩の方

から言へば、「實在しないものでも、我々の心の觀念として存するといふことにな
る。であるから若し此の因によつて「神は實在す」と言へるならば、
神は實在せず
吾人の心に其の觀念あるが故に
ともいふことが出來る筈である。これは兩方に跨つてどちらへも斷定が出來る
から、不定と言はなければならないわけである。
第二、不共不定
これは前の共不定とは、反對で、因が同品にも異品にも更に關係のない場合で、不共
は同品も異品も共に不遍なれば不共といふのである。圖の第二十二に當る。此
の因ではとても宗の成立する筈はないのである。それであるから、此の因は兩端
に跨つてどちらとも言へるから不定といふのではなく、どちらとも言へないから
不定といふことになるので、所謂六不定の中でも、不定の意味が少し違ふのである。
古くは之を不定の中に數へるにつき、多少異論のあつたのも、此の理由によるので
ある。

日本人はどうも身體が小さい、私は、これは日本の精神敎育が不完全であつた結果だと思ふ

といふ人があるとすると、

日本人の身體は小さい

精神敎育が不完全であつたから

といふことになると　ると、「精神敎育が不完全である」といふことゝ「身體が小さい」といふことゝ、どうしても關係がありそうでないし、また「身體が大きい」のは「精神敎育が完全であつた」といふ爲めとも考へられない。つまり「精神敎育の不完全」といふことが、「身體が小さい」といふ同喩の方にも、「身體が大きい」といふ異喩の方にも關係がありそうには思へない。言葉を換へて言へば、「精神敎育不完全」といふ因は「身體の矮小」といふ宗を成立せしむるわけとはならないのであるから、これは不共不定といふことになるのである。身體矮小の同喩の方では、假りに「伊太利人」でも擧げるとしやうか。之に反對の異喩の方には身長平均六尺と言はるゝ「パタゴニア人か、東部アフリカに住し十六七歳にして既に身長六尺に達すると稱

せらるゝマサイ」種族でも數へることゝしやうか。「精神敎育完全の故に」といふ因とパタゴニアやマサイが大きいといふ異喩とは更に關係はないし、「伊太利人」なる同喩も、別に精神敎育とは、無關係であることは言を要しない。

第三、同分異全不定

同分異全とは、之を詳に言へば、「同品は一分、異品は全分」といふことで、因明學的に言ふと、同品一分轉異品遍轉といふのである。つまり因と同品との關係は、因が同品の一部分に周遍して居る、此の點は差支がない。ところが、一方では、因が異品の全部に周遍して、異品遍無の法則に背き、第三相を缺いて居るものである。圖の第二十に當る。

近頃はアメリカあたりでは、女子が男子の風をすることが、ボツ〳〵流行して居る。これは戰爭後、男裝して働く女の風が、歐羅巴から段々はやり出して來たものであらう。然し日本で考へるほど、こんな斷髮や、男裝が盛んに行はれてるわけではない。日本の女までが世界的大流行なんどゝ稱して、まねをして居るのは滑稽であつて、アメリカあたりでも、極めて稀に、千か二千に一人の斷髮があるかなし位のものである。

アメリカの女は變成男子なるべし

男裝するが故に

そんなら、「男裝するものは、皆「變成男子」であること、「歐羅巴の婦人の如し」と同喩を擧げ、さて異喩の方で、「變成男子ならざるものは男裝はしない」と言つたら、それは大變違ふので變成男子でない、本當の「男子」は皆男裝をして居るのである。變成男子と許せらるゝ女子の外に、變成男子でなくして、男裝するものは男子の外には絕對にないし、男子はまた、全部男裝して、男裝しないものは一人もないと言つてよい。それであるから、異喩の「男子」には、因が周遍して居る。同喩の方には一部周遍して、一部は周遍して居ない。何となれば、「歐羅巴の婦人」中、一部は變成男子的の「男裝する」ものもあるが、寧ろ「男裝しない」ものゝ方が、大部分であるからである。そうするとこれは同品一分轉で、異品遍轉であつて、所謂異遍無の法則に正反對の過失があるものである。

第四、異分同全不定

これは前と反對で、異品一分轉、同品遍轉である。圖の第十九に當る。これも同全の方は正しいので、別に差支はないのであるが、異分の方で不正の因となるのである。

現今の議會の政黨は、三黨から成つて居るとする。其の第一黨といひ、第二黨といひ、皆國利民福を主として、動いては居ない。皆黨員の利己的運動に熱中し利益分取をばかりやつて居るではないか。吾輩は今の議會では取るべきものは第三黨ばかりであると思ふ。

と言つたものがあるとする。これは勿論假設の譬喩であるから、日本の現在の衆議院にあてゝ言ふわけではないから、邪推をしてもらつては困る。そうして所謂第三黨の中にも、比較的正しい人が居るとしても、「中には隨分如何はしい奴も居る」となつたらば、論理の形式は斯ういふことになる。

議會の第一黨は朋黨なり

黨員の利益分取を目的とするが故に

利益分取を目的とする政黨は朋黨なり、第二黨の如し

朋黨ならざる政黨は、黨員の利益分取を目的とせず、第三黨の如し

ところが、「此の中で第四段の異喩が間違つて居る。」何となれば、第三黨にも正しいものもあり、不正のものもあるとするのであるから、第三黨のみ、眞に公黨としての政黨であつて、朋黨でないとは許すことは出來ないからである。更に言へば、因が同喩には周遍して居る、これは宜しい。けれども異喩には一部周遍し、一部周遍して居ない。此の異喩の一部周遍は、異品遍無の法則に違ふ點であつて、「第三黨」の中には、「黨員の利益分取を目的とするもの」と、「黨員の利益分取を目的とせざるもの」と二種あるが故、宗を成立するに於て、「黨員の利益分取を目的とするものは朋黨なり」の證明となると同時に、「黨員利益分取を目的とせざるものは明黨なり」の證明ともなつて兩方に見られるわけになるのである。

第五、倶分不定

倶分不定といふのは、同品も一分周遍で異品も一分周遍の場合を指すので、同異二品を倶と言つたのである。故に詳に言へば、倶品(同異二品)一分轉と言ふべきで圖の第二十一に當るのである。

アメリカのキヤリフオルニアでは、盛んに日本人排斥をやつて居る。そうして其の重なる理由の一つとして、どうも日本人はアメリカ化しないと言ふことをいふ。耶蘇敎の日本人牧師どもは、之を好い口實として、日本人がアメリカ化しない證據は耶蘇敎を信じない點にある。耶蘇敎さへ信ずればアメリカ化したと見られるのだと言つて頻りに耶蘇敎宣傳の道具に之を使つて居る。

そこで

キヤリフオルニアの日本人農民はアメリカ化せず

耶蘇敎を信せざるが故に

假りに其の同喩として「シアートルの日本人農民の如し」として置く。異喩として「我々牧師どもの如し」として置かう。ところがシアートルの日本人の中には、耶蘇敎を信じてる人もあるし、信じてない人もある。つまり「耶蘇敎を信せざるが故に」といふ因が同喩に對し、一部周遍し、一部周遍して居ないし、異喩の「我々牧師ども」と稱してる人の中にも、案外「アメリカ化しない」ものもある。耶蘇敎を信じてるといふことが必ずしもアメリカ化してるといふことにはなつて居ないのであるから、自分ではアメリカ化したつもりでも、存外アメリカ化して居ない連中も居るのである。即ち因には異喩に對しても一部周遍し、一部周遍して居ない。これ倶品一分轉で倶品の中で異品一分轉が、此の因の過失となつて居るわけである。

第六、相違決定

相違決定といふのは、相違して決定してるといふことで相違といふのは、「立論者と證敵者と兩方別々に」といふことである。立論者の方では、「甲は乙だ」といふ。證敵者の方では、「甲は乙でない」と言ふ。兩方で宗を立てゝ、其の宗を立つる所以の三支三相の論式上の過失がない場合は、「どちらも過失」といふことは出來ないこれで相違して決定してるのである。既に決定してるので、宗が立派に二つとも成立して居るのであるから、之を不定過の中に數へるのは當らないといふ議論もあるのであるが、然し二つとも過失がなくして、しかも結論斷案が反對であれば、どちらとも決められないのであるから、矢張りこれは不定であつて因明學上、これは不どちらにも圓扇を揚げず、相互に相引きにするといふのが法則なのである、これ不定過の中に加へる所以である。然らば三支三相の上に何の過失もなきに、何故に之を過失の中に加へるかといふに、因明は其の宗を立てゝ他に納得せしむる、所謂悟他の作用がなければ、因明の效果はないのであつて、效果のない立量、卽ち論式は無效これ過失となるのである。而して此の一過のみは不定過の中で、三相完備してるのに過失と言はるゝので、前の諸過の如く、三相不完全の故に過失と言はるゝものとは全然性質を異にして居るのであるから、これは特に注意して置く必要がある。

基督は人なるべし
人間の母胎より生れたるが故に
一般の人の如し
動物の如し
之に對して
基督は常人にあらざるべし
父なくして生れしが故に
父なくして生るゝものは常人にあらざるべし

常人は父なくして生るゝことなし第二の論式に於て、同喩異喩共に理喩を擧げて、事喩を擧げず、これは無躰の宗なるが故である。斯くて此の二つの論式は、共に勝敗決定せざる無過の論式と見られるのである。

これで六不定が終つて、今度は四相違である。相違は相違因で、因が宗を成立せしむることゝはならずして、却つて反對の宗を成立せしむる因となることになる場合で、之を相違の因といふのである。故に立論者が此の相違因で宗を立せんとして立量するならば、敵者は、直ちに立者の因を取り來つて、反對の宗を成立せしむる論式を組織し、敵の武器を奪つて其の敵を仆すの手段に出づることゝなるのである。それであるから相違因の時には、立敵二人の間で各別に論式を立てるのを定則とするのである。そうして立者の論式は、之を前量と名づけ、敵者の論式は、之を後量と呼ぶのである。量は論式のことである。前量後量に於て相違決定の時には、前後共に悟他の用なく、いづれも過失あるものと見做さるゝ所謂前後倶邪なるものと等しからず、相違因の時は前量は過失で、後量は無過であるから、前邪後正

である、卽ち前量の因を以て、後量が立派に成立するのである。四相違の

第一、法自相相違

である。法とは宗前陳の有法に對して宗後陳を指すものであることは前に述べた。自相とは差別に對する語でこゝでいふ自相差別といふのは、表面に現はれた言葉と、裏面に含ませてある意味とをいふので、表面の言語を自相といひ、裏面の意義を差別といふのである。差別をまた意許ともいふ。意義といふにも二つの區別があり、自相の言葉の上に兩義を含ませて、曖昧にして置き、三支の形の上では因の三相の缺點がない樣に見せて置いて實は因の差別、卽ち包含の意義としては、言葉に表せられた意義の外に、言葉に現はさずに、意に暗にきめて居るところのものがあるのである、之を意許の樂爲所立といふのである。斯く因を分けて表面自相言語の上と、裏面意許樂爲所立の差別の上と、兩方面ありとして、今は其の言葉上から言ふので自相と言つたのである。つまり宗後陳の言語に現はれた上から見て、其の宗後陳を成立せしめず、却つて之と反對の宗後陳を成立せしむる樣な因を立てる、これ法自相相違の因と呼ばれるところのものである。

(94)

社會主義者は愛國者なり(宗)
現國家を無視するが故に(因)
國家主義者の如し(同喩)
無政府主義者の如し(無喩)

こんなことを言ふものは事實あるまいけれども、論理の形式として、例にこゝに出す。此の論式に於て、「國家を無視するが故に」といふ因は、「國家主義者の如し」といふ同喩には丸で無關係で、「無政府主義者の如し」といふ異喩には、全部周遍して居る。これは

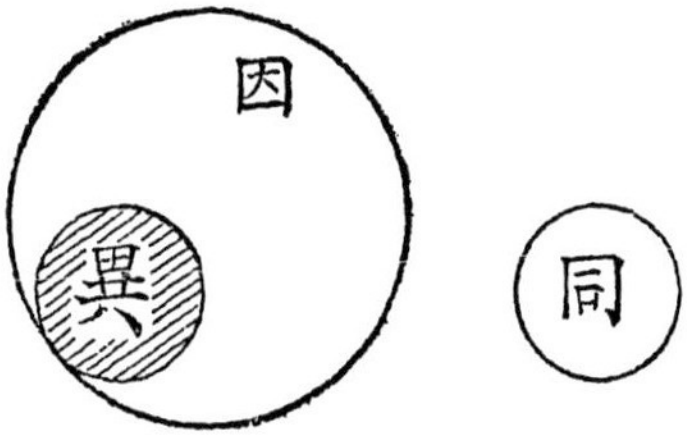

となるのであるから、全然同品定有、異品遍無の法則に正反對のものとなり「愛國者なり」といふ宗後陳を成立せしめず、却つて之と反對に、

社會主義者は愛國者にあらず
現國家を無視するが故に

といふ樣に、同一の因で反對の宗を成立せしむることゝなるわけである。此の場合は同喩と異喩は、位置を轉換することは申すまでもない。

甲某は愛國者なり
革命を願ふが故に
國家主義者の如し(同喩)
國家改造論者の如し(異喩)

といふ論式があるとする。「革命を願ふ」といふ過激な考は、「國家主義者」にはある筈がないから、此の因は同品に對しては沒交渉である。「國家改造論者」といふものゝ中には、一部「革命を願ふ」といふ過激派も居るかも知れないが、然しそればかりではなく、極めて溫和な改造論者にして、眞の愛國者もはいつてる筈である。して見

ると、「革命を願ふが故に」の因は、異品に對しては、一分轉であるから、つまり同品は沒交涉で異品には一部周遍といふことになり、

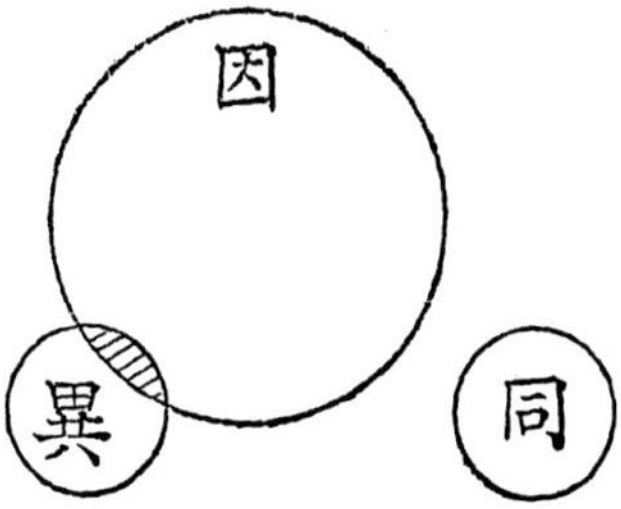

同品定有、異品遍無の第二相、第三相を缺くことゝなり、此の因は宗後陳を成立せしめずして、却つて反對の宗を成立せしむることゝなるのである。「甲某は愛國者にあらず」「革命を願ふが故に」と言ふことになり、同品の方は轉換して、異品が同品になり、「國家改造論者の如し」となると此の同品は、一分轉であつて差支がない、同品定有の法に合する。そうして異品の方は、「國家主義者の如し」で、これは異品遍無となる。斯くて立者の因は、却つて反對の敵者の宗後陳を成立せしむることに

終つたわけである。

第二、法差別相違

これは前と同じく宗後陳について、反對の宗を成立せしむる因であるから、法の相違であるが、前のと違つて、自相ではない、差別である。　差別は前にも言つた如く言語に現はれて居ない裏面の意義で、立者が、之を表面上に言つてしまつては、論式に過失を來す恐れがあるので、これは言はずに、所謂意許として、表面はどこまでも言語上過失のない論式を組織するのである。　斯る曖昧の論法であるから、表面から主張して居る立者の宗と、裏面で主張せんと願つて居る立者の宗と、主張二つあるので、之を呼んで、「二等の意許差別」といひ、其の中で、内々主張せんとして居る、本當の主張の方は、之を「意許の樂爲所立の宗」といふのである。　此の樂爲所立の意許に立ち入つて調べて見ると、忽ち其の因は宗後陳を成立せしめず、却つて反對の宗を成立せしむるのであることが發見せられる、これ卽ち法差別相違の因である。

要するに因の内容曖昧にして、兩義に解せらるべき場合の一つである。

お前は實にいらいもんだ。　人が何と言つたつて、立派に言ひわけをやつてのけるからな。

「言は以て非を飾るに足り、智は以て陳を防ぐに足る」といふ樣な、人を讃めながら笑つてる。之を論式にすると

　汝は智者なり

　如何なることにも抗辯辯解するが故に

　殷紂夏桀の如し(同喩)

今此の論式で「汝は智者なり」と言つて居るけれども、樂爲所立の宗は、寧ろ之と反對に「お前は馬鹿だ」と言つて居るのをわざと反對に言つて居るのである。故に

　汝は愚人なり

　如何なることにも抗辯辯解するが故に

　殷紂夏桀の如し

と言ふことが出來ることゝなるのである。之を能違の作法、卽ち反對論式といふのである。

第三、有法自相相違

有法自相相違因とは、宗前陳の有法に言明せるものと、反對の宗を成立せしむる因をいふので、自相は前にも言ふ如く詮表せられたる言語をいふのである。元來因明で立敵兩者の爭點となるのは、宗後陳にあることは、屢述べた通りである。然るに宗前陳が問題となり相違因と言はるゝわけは如何といふに、所謂自相言語の上では、明かに宗後陳が爭點となつて居るのであるが、立者の樂爲意許を探つて見ると、問題は意外にも前陳にあることがあるのである。即ち二等の意許に於て立者の暗に主張せんとする問題は宗前陳にあるといふのである。

若し假りにこゝに神の三位一體といふことを說くのは、宗敎一般の形式で、例へば佛敎でも、法報應三身を說くではないか、神道でも、造化の三神を說くではないかといふ人があるとする。然らばどうして斯う各宗敎三位一體を說くに於て一致して居るかといふと、耶蘇敎の人の方では、それは神が、我々に與へた必然の形式で、そこが三位一體の眞理を證明して居るといふとする。ところが佛敎者は、之に反して、それは正あれば反あり、正反あれば合して一つとする、これは論理必然の形式だといふとする。そこで耶蘇敎者が、若し

宗敎上の三位一體說は眞理なり
人間要求の必然の形式なるが故に
佛敎の三身說の如し

といふ論式を組織するならば、これ卽ち自相相違の論式となるのである。何となれば、宗前陳の「宗敎」といふ言葉は甚だ曖昧なので、立者の樂爲所立の宗は實は「宗敎」にあるのでなくして、意許は「耶蘇敎」にあるのである。「耶蘇敎の三位一體說は眞理なり」と言ひたいのである。然しそう正面から言ふ時は、形式上論理の過失を生ずるので斯く言つたので、實は「人間の考へる必然の要求の形式なるが故、三位一體は眞理なり」と言ひたいのである。ところが若しそういふと此の因では、却つて反對の斷案に歸着するわけになるし、「佛敎の三身說」といふ同品の譬喩も、實は却つて異品となることになるのである。故に、

耶蘇敎の三位一體說は眞理にあらず
人間要求の必然の形式なるが故に
佛敎の三身說の如し

といふことになつて、同一の因で、逆に反對の宗を成立せしむることゝなるのである。論理必然の形式で、斯ういふ形式によつた説が出て來たのだといふならば、それは特に耶蘇敎の三位一體説の眞理を證明して居ないのみならず、どの宗敎にもあることで、それが眞理を證明する理由には少しもなつては居ない。故に同じ因(理由)で「基督敎の三位一體説は眞理ではない」ともいへるわけになり、同品として擧げられた「佛敎の三身説」は、却つて異品の地位に立つわけになるから、此の場合には「耶蘇敎の三位一體説は眞理でない」といふ宗の同品譬喩として擧げられることゝなるわけである。

第四、有法差別相違

宗前陳の差別相違にして、差別は立者の樂爲所立の宗を意味する。故に此の因は、宗前陳の差別と反對の宗を成立せしむるところの因を指すのである。

基督は常人にあらず
人生を救濟すと許すが故に
眞神の如し

吾人の如し

此の論式の有法差別の意許は、

基督は神子なり

といふことを言はんとするのである。然し最初からそう言つたならば「神子」といふことは敵者許さず、且つ神子の同喩も擧げられず、所謂能別不極成、缺無同喩、法自相相違等の過失に陥るのである。そこで三段の論式を過失なからしむる爲め、「基督は常人にあらず」と言つて「神子なり」とは言はず、故に樂爲所立宗は「基督は神子なり」といふにあるから、此の樂爲所立宗に對し、

基督は神子にあらず

人生を救濟すと許すが故に

眞神の如し

と逆論理を組織することが出來るわけになるのである。これで「人生を救濟するものは眞神にあらずや」『眞神は人生を救濟すとするも、これ基督が神子なりとの證明にはならず」といふことになるのである。但し此の場合一寸迷ふことは「基督

は常人でない」と宗が本で「基督は神子だ」イヤ「神子でない」といふのであるから宗後陳についての爭ひで、有法差別ではない、法差別ではないかと思はれそうであるが、然しそうではない。「神子だ」「神子でない」といふのは、宗前陳に含まれて居て、しかも言葉に詮表せられて居ない意許であるから、矢張り宗前陳についての爭ひなので法差別にはならない。法差別の方は、宗後陳に用ひられて言葉に二重の意味が曖昧なものでなければならない。例の「汝は利巧だ」といふ樣な時に、其の「利巧」といふ宗後陳の言葉の、立者の本當の心もちは却つて「汝は馬鹿だ」といふ、其の「馬鹿」の方にあるとしたらば、これは法差別であるわけである。

愈最後に喩の過失を擧げやう。喩の過失は同喩についての過失と、異喩についての過失との二つに大別される。前に五あり、後者の五あり、故に喩の十過といふのである。但し喩の過失は、前の因の過失の如く、三相門に關係するものではなく三支門に關するものであつて、少相缺ではない、所謂義少缺と名づけらるゝ所のものである。

先づ同喩の五過から述べやう。

第一、能立不成

これは同喩に具すべき宗同品因同品の中で、因同品を缺いてる爲めに、同喩が因を助けて宗を成すべき、其の助能立としての役目を果すことの出來ないといふ場合である。能立といふのは、因のことで因の力で宗が成立するのであるから、宗は所立であり、因は能立である。同喩は助能立であるから、其の助能立たる職を全うしやうといふのには、必ず

甲は乙なり

丙なるが故に

といふ宗因に對し

丙なるものは乙なり

と因と宗とを結合して事喩を擧ぐるのが同喩であつて、其の「丙」は因同品であり「乙」は宗同品であるから、つまり因同品と宗同品とを結合するので、始めて助能立としての效果がある。然るに若し其の二同品の内で、どちらかが缺けて居れば助能立としての效果がなくなるのである。今能立不成は、其の二つの中で、因同品を缺い

て居る場合である。

婦人運動は時代の要求なり

權利の自覺に基くが故に

文藝運動の勃興の如し(同喩)

といふ樣な論式に於て、同喩の「文藝運動」といふものは「時代の要求」といふ點から言へば「婦人運動」と同じものであつて、卽ち此の同喩には宗同品はある。然し「文藝運動」は、「權利の自覺に基いて起つた」ものではないから、此の點から言ふと、此の同喩には因同品は缺けて居る。故に此の同喩の喩躰として、理喩を擧げて考へると、

權利の自覺に基くものは時代の要求なり、

文藝運動の勃興の如し

といふことになるので、理喩と事喩とが合はないのである。

第二、所立不成

これは前の能立不成と對になるので、卽ち宗同品を缺いてるものである。

普通選擧運動は時代の要求なり

　權利の自覺に基くが故に
　婦人の參政權運動の如し(同喩)
「婦人の參政權運動」は、少くとも日本では、まだ「時代の要求」と言はるゝほどまでにはなつて居ない。それであるから「權利の自覺に基く」といふ因同品はあるとして「時代の要求」といふ宗同品が缺けて居ると言はなければならない。それであるから、「權利の自覺に基くものは時代の要求なり」と結合しても、「婦人の參政權運動の如し」といふ事喩は當てはまらないことゝなるのである。それから

　第三、倶不成

で、これは宗同品、因同品兩つながら缺けたものである。
　普通選擧運動は時代の要求なり
　權利の自覺に基くが故に
　產兒制限運動の如し
といふ樣なものである。「產兒制限運動」は、之を主張してる人から言つたら、時代の要求と思つてるのであるかも知れないが、今の日本では、とても「時代の要求」なん

ていふほどのものでないことは明瞭である。故に此の喩は宗同品が缺けてる。また「産兒制限運動」は、「權利の自覺」から起つたものではなく、主として生活問題と敎育問題から起つたものであるから、此の點から言ふと、因同品が缺けて居る。此の二同品共に缺けたるが故、之を倶不成の過失とするのである。

第四、無合

無合とは、合作法を正當に組織しない論式のことで、同喩を擧ぐるに當り、「甲は乙なり」「丙なるが故に」の宗と因とに對し、「丙なるものは乙なり」と因同宗同二品を結びつけて理喩となすべきに、此の理喩を略して擧げざるは、これ無合である。故に此の過失は、理喩を擧げざる過失で、前の三つの樣に、事喩に關する過失ではない。次ぎの倒合も、また理喩に關するものである。

但し前に述べた如く、三支作法の組織に於て、省略法によれば理喩は、之を略してもよいのである。然るに今此の理喩のないのを過失とするのは如何といふに、若し理喩さへあれば、敵者に領會せしめ得べきものを、此の際理喩を略した爲めに、或は擧げない爲めに、敵者の領會を起さすことが出來ないといふ場合、此の無合が過失と目さるゝので、理喩はなくとも、征敵者の領會さへ出來れば、これは省いても差支のないものである。

第五、倒合

合作法に於ては前因後宗を法則とすべきことは、前に述べた、卽ち

甲は乙なり

丙なるが故に

總べて丙なるものは皆乙なり（同喩）

の中で、「丙なるもの」は前因で、「乙なり」は後宗である。然るに若し之に反して、

甲は乙なり

丙なるが故に

總べて乙なるものは皆丙なり（同喩）

と言はゞ、此の同喩は前宗後因であるから轉倒して、宗因を結合したるが故、倒合といふのである。

甲某は婦人なり

子を産むが故に

といふ樣な時に、「子を産むものは婦人なり」と結んだら、更に差支がないけれども「婦人は子を産む」と倒合すれば、其の過失はすぐに明瞭である。「婦人にして子を産まぬもの」は澤山にある。「婦人は必ず子を産む」とはきまつて居ないからである。即ち「甲某」は「婦人」の中にあると同時に更に局限された「子を産む婦人」の一部に屬するものなのであるから、「子を産まない婦人」といふものが更に廣い範圍に存してるといふことが、認められなければならない。

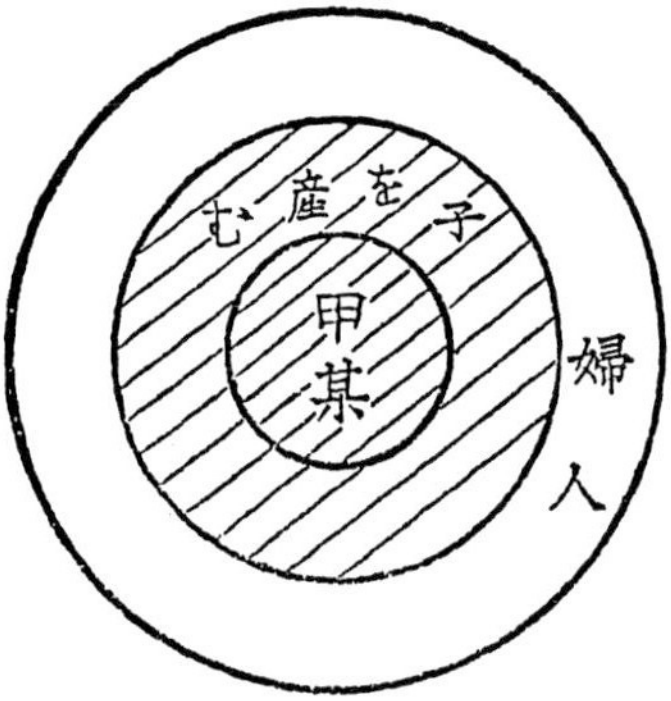

此の圖によれば、「甲某」は「子を産むが故」に「婦人の一部」たることは明であるが「婦人は必ず子を産む」といふことの出來ないことは、言を俟たぬ。

以上は同喩の五過であるが、次ぎに異喩の五過を示さう。

第一、所立不遣

異喩の職分とするところは、總べて遮遣にある。遮遣するといふのは、因を能立とし、宗を所立とし、其の因の能立を助けるために、

甲は乙なり

丙なるが故に

總べて乙ならざるものは丙にあらずといふ様に、反面より異品の因に關係のないことを證明するのを遮遣するといふのである。ところが、若し異喩にして、所立の宗に關係し、所謂遮遣の効果なきに至るときは、之を所立不遣といふのである。

甲某は婦人なり

子を産むが故に

石女の如し（異喩）

石女は「産まず女」で、子を産まない女のことである。此の場合「子を産まない」といふ點より言へば、全く因と沒交渉であるから、異喩として差支はないのであるが、然し「石女」も「婦人」であるから、此の異喩は宗と關係がある。「子を産むものは婦人である」といふ同喩に誤りはないが、「婦人でないものは子を産まない」といふ異喩に「石女」

を出したらば、これは「婦人であつて子を産まない」のであるから、理喩と一致しない。卽ち此の「石女」は宗の「婦人なり」の後陳に關係があるため、卽ち「婦人であるから」「婦人でないものは子を産まない」といふ證據にはならない、所謂遮遣の効果がないのである。

第二、能立不成

能立は因であるから、異喩が因に關係があり、遮遣の効果なきときは之を能立不成といふのである。

甲某は子を産むべし

婦人なるが故に

石女の如し（異喩）

といふ樣なもので、此の論式では、「石女」も「婦人」であるから、因に關係がある。勿論因の三相の第三相に於て、因と異品とは絕對に沒交渉なることを要するのであるから、今異品の「石女」は「婦人」の一部である所から、當然第三相を缺いて居ることゝなる。第三相を缺けば、異品遍轉で、勿論遮遣の効果がないわけである。

第三、倶不遣

これは言ふまでもなく、宗にも因にも關係があつて、遮遣の効のない異喩である。異喩には、宗異品、因異品を必要とすること、前に述べたところであるが、今此の倶不遣は、宗同因同の二品を具することゝなるので、遮遣の効果がないどころではない、同喩と同じいものとなつてしまふわけである。古い例に、

聲は常住なるべし

無質碍なるが故に

虚空の如し(異喩)

といふのを出して居る。これによつて考へると「無質碍なるものは常住なり」「虚空の如し」といふ立派な同喩にこそなれ、とても異喩としての遮遣の効はない。「常住ならざるものは、無質碍にあらず」といふ異喩の體には、少しも適合したところはない。

第四、不離

同喩の時の合作性に於て不合あるが如く、異喩に於て、離作法に不離があるので

である。此の不離は、

甲は乙なり

丙なるが故に

此の宗と因とにより「總べて乙ならざるものは丙ならず」と遮遣すべきを、此の理喩を述べずして、事喩を擧ぐるを不離とする。其の省略式の時は、之を許すこと、同喩の下、不合の所で述べたと同じことである。

第五、倒離

前の同喩の下の倒合と相對す。

甲は乙なり

丙なるが故に

乙ならざるものは、丙にあらず（異喩）

といふべきを、「丙ならざるものは乙ならず」といふ時の如き、これ倒離である。

甲某は婦人なり

子を産むが故に

（114）—三十三過論—

總べて子を產むものは婦人なり（同喩）

總べて婦人ならざるものは子を產まず（異喩）

とあるべき異喩を「總べて子を產まざるものは、婦人ならず」といふが如き、これ倒離

である。

實用論理終

つた事は、殊に注意すべきことである。北條泰時の命によつて編纂された御成敗式目(通例貞永式目と稱せらる)の第一條に規定する所は全く其の敬神主義を明かにしたものである。尤も此の式目は鎌倉時代の末期に屬するが賴朝以來の施政の方針を書き表はしたものであるとは何人も疑はぬ。今其の第一條だけを示す、

第一條可レ修二理神社一專二祭祀一事

右神者依二人之敬一增レ威　人者依二神之德一添レ運。然則恒例之祭祀不レ致二陵夷一。如在之禮奠莫レ令二怠慢一。因レ玆於二關東御分國々幷庄園一者。地頭神主等各存二其趣一。可レ致二精誠一也。兼又至二有封社一者任二代々符一。小破之時且加二修理一。若及二大破一令レ言二上子細一者。隨二其左右一可レ有二其沙汰一矣。

さて此の條文中『神は人の敬ふことによつて威を增し、人は神の德によつて運を添ふ』とあるは最も注目すべき語である。此の一句は神と人との關係の通則を洵によく言ひ現はしたものである。其の意味は『求めよ、さらば與へられん』といふことと同一である。神を敬ふことなくして誰かよく神に近づき得るであらうか。神に近よる能はずして神に乞ひ求むることが何うして出來るであらう、此

の事は人間相互の關係に於ても明かではあるまいか。一面識もない他人に對して身の上話を持ち出して援助を乞ふことは何人も爲し能はざる所である。

人に對する禮儀も精神が伴はなければ卽ち虛禮である。神を敬ふ場合も同樣で、社殿を修理して恒例の祭祀を怠らず如在の禮奠を盡すことは卽ち敬神の外形である。然し其の大いに外形を奬勵して居る反面にはどう言ふ信仰があつたであらうか。其の形式の內容如何といふことが卽ち問題である。此の式目には直接其の內容を言ひ現はして居らぬが、神の宮を淸淨にすることは敬神の態度で、其反面には惡をなさぬといふ意義がある。豊受皇太神宮御鎭座本記に「故則敬神態以淸淨爲先。謂從正式爲淸淨。隨惡以爲不淨。惡者不淨之物。鬼神所惡也」とある。蓋し人間は無爲なることは出來ない。惡を知り、惡を忌み、惡を爲さゞれば善を求めて進むべきものである。退かざれば進まざるべからず、一所に長く停止することは不可能である。

貞永式目は旣に言つたやうに鎌倉幕府の施政方針を書いたものであるが、其方針を箇條書にして列擧し、最後に此の方針は必ず嚴守する。

若し相違あるに於ては『梵天帝釋四大天王、惣日本國六十餘州大小神祇、別伊豆筥根兩所權現、三島大明神、八幡大菩薩、天滿大自在天神、部類眷屬神罰冥罰、各可罷蒙者也、仍起請如件』と書き、神佛に對して誓を立てゝ居る。要するに此の式目は起請文の形式によつて布告したもので、此の點は深甚な注意を拂はなければならぬ。

さて起請文の性質を知ることは此の式目の精神を理解するに必要であるから其の概略を述べて置く。

起請文は一種の誓約文で、先づ誓約の條文を列記し、次に罰文又は神文と稱して、日常信仰する神佛の名號を掲げ、若し誓約の條項に叛く時は、必ず神罰冥罰を蒙るものであるといふ意味を書くのである。起請文が契約文として社會に廣く行はれるやうになつたのは、鎌倉以後のことである。然し其起原はなか〳〵古いのである。

上古に行はれた探湯(クガタチ)は一種の裁判法であつたが其の性質は起請文によく似て居る。然し起請文の形式にもつとよく似て居るものは佛寺に物を施入された時の願文に於て見る事が出來る。其の最も古いものは聖武天皇が寺田を佛寺へ施入された時の願文である。此の願文に於て天皇は種々の發願をなされ所々の大寺へ封戸水田を永く敬納すべき由を仰せられ、最後に次の誓約文を書き添へられて居る。

復誓、其後代有不道之主、邪賊之臣、若犯、若破障而不行者。是人必得破辱十方三世諸佛菩薩、一切賢聖之罪、終當落大地獄、無數劫中、永無出離、十方一切諸天、梵天護塔、大善神王、及普天率土有大威力天神地祇、七廟尊靈、并佐命立功大臣將軍之靈等、共起大禍、永滅子孫、若不犯觸、敬勤行者、世世累福、紹隆子孫、共出塵域、早登覺岸

天平勝寶元年

平城宮御宇太上天皇

法名　勝滿

さきに示した貞永式目の罰文は、鎌倉時代以後一般に行はれた普通の形式であるが、其の起原は即ち此聖武天皇御祈願の神文に起原を有するものと思はれる。

さて茲に注意すべきことは、後代不道の主、又は邪賊の臣等がこの誓約の實行を怠り、或は防害した時には、佛の冥罰と共に天神地祇の罰を併せ求められて居ること

である。即ち三世の諸佛諸菩薩一切の諸天の怒に觸れ、大地獄に墮ちて永遠出離すべき時なかるべきを宣言せらるると共に普天率土に大威力ある天神地祇をはじめ、其の他祖先の靈幷に佐命立功の大臣將軍の靈も皆共に怒つて大禍を起し、永く子孫を滅ぼすであらうと仰せられて居る。即ち貞永式目の神文と其の精神は同一であるのである。

要するに起請文の沿革を調べて見ると其起原は全く宗敎的である。即ち原文の性質を備へたもので、人に對するものではなかつた。それが段々發達して鎌倉時代頃から凡そ一定の形式が出來上り、神佛を第三者の位置に立て、その照覽の下に人間相互の誓約として廣く行はれるやうになつた。即ち公事の誓約、武家主從の間に於ける忠節の誓文等をはじめとして一般の民事的訴訟契約等に用ひられ、武家時代を通じて明治維新の頃まで社會一般の誓約に用ひられるやうになつた。殊に南北朝や足利時代に於ては忠君を誓ふための誓文として廣く行はれた。又德川時代になつてからは將軍の代が替る度每に諸大名は必ず起請文を差出して其の忠節を誓はしめられた。

かくの如く起請文は武家時代を通じて重要な社會的習慣の一で、其はじめは、卽ち鎌倉時代に發して居るのである。此の慣習の重要な點は神佛の名號と起請文提出者との關係にあると思ふ。凡そ起請文の罰文には一般に信仰されて居る神佛の名を書き込むことになつて居るが、其神佛は當事者間に於て平常厚く信仰されて居る所のもので、殊に其の地の氏神の照覽を重んじたのである。卽ち貞永式目も此の精神によつて書かれたものであるからして鎌倉幕府は神佛を崇敬せずしては此式目を發布することは出來ない。假りに發布したとても其れでは何等の權威が無くなるのである。故に第一條に於て神社を崇敬すべきことを擧げ第二條に於ては佛寺を大切にすべきことを記載して居るのである。

由來封建制度の最も著しい特徵は軍國主義である。主君に對して軍事的忠節を盡すことが根本要素である。然しながら其の主從の關係には誠に美はしい情操(センチメント)の溢れて居るものがある。家臣が偏務的に忠義を誓ふのでは無い。主君の愛顧に對して心服して忠義の誓ひを立てるのが封建制度の要諦である。さて我が國の封建制度卽ち武家政治に於けるこの主從の間に存する情操が神社の崇敬と密接なる關係を持つて居ることは深甚なる考察を要すべき現象であらうと思ふ。これありしが爲めに我が封建制度は一面に於て家長政治の性質を保有することが出來た。卽ちこれありしが爲めに我が國體が連綿として維持され、遂に王政復古を實現し得たのである。さて此の主從の間に養育された美はしい情操が神社の崇敬と結び付いて其處に武家道德の主要なる發達を遂げたのである。

第七章　神社の崇敬と武家道德

鎌倉以後武家時代に行はれた起請文の神文には、神に對して虛僞は決して申さぬといふ事を誓つたのである。其の誓は卽ち神に對しては常に正直でなければならぬと言ふ信仰があつたから起つて來たのである。又義經は自分が兄賴朝に差出した其の起請文のことを述べて神は非禮を受け給はない。どうして僞の起請文を差出すやうなことが出來るだらうかと廣匡に書き送つて居るのを見ても神に對しては常に誠であらねばならぬ、神を敬ふ道は只正直あるのみと言ふ信仰が行はれて居つた事が判る。卽ち鎌倉幕府の新しい氣運に乘じて實踐的宗敎が競ひ起りつゝあつた時代に神道も亦新しく形を整へて大いに社會化されつゝあつたことが窺はれるのである。

新佛敎の興隆と共に滅罪生善といふ言葉が當時佛敎信仰の一標語であつた。而して滅罪生善といふ事は、卽ち神道の眞(マコト)の道といふことと常に相提携して人心を感化しつゝあつた所の道德である。此の滅罪生善と相對して唱道されて居つた神道的標語は卽ち「正直の頭に神宿る」といふ古諺であつた。

足利時代になつてから此の標語は恰も神祇信仰上の常套語のやうになつたのである。親房卿は「神皇正統記」に天照大神もたゞ正直をのみぞ御心としたまへると說き、且つその八咫鏡を以て正直の德を表示せられたものと論じて居る。

「八幡愚里訓」には特に『正直事』といふ項目を設け、此の標語及其の意義を盛んに敷衍論及して居る。例へば「正直ヲ捨ツル時ハ其國必滅亡スル事ナレバ邪ヲステ正ニ臨セヨ」『現當(現在未來)ノ爲ニ正直ヲ專ニスベキモノ也』又『今世ニ正直憲法ナレドモ福報ナキハ前生ノ惡業遁ヌ故也』と巧に佛說を入れ、末段に至つて『凡ソ御詫宣ハ正直ノ人ノ頭ヲスミカトス。諂曲ノ人ヲバウケズトアレバ心正直

が緊要で、その點に於て特に注意を持つて、他の諸團體の健全なる發達を遂げしむる樣に、之が後援者、援助者となる樣にせしむる事に努力を希望せざるを得ぬ。この點に着眼して、相當の成績をあげる所も少くない所は、吾人の注意すべき事と思ふ。

六、職業指導

近來職業指導といふ事が敎育界に於て注意さるゝ樣になつて來たが、この問題は我文部省に於て社會敎育の施設に着手して以來初めて我國に紹介された事で、所謂英語のボケーショナルガイダンスなる事を飜譯したので、之は既に歐米先進國では學校敎育上の新しき方針として、既に相當の研究を積み既に實施しつゝある問題である。然るに今頃斯くの如き點に就て敎育者の注意を喚起せねばならぬ我國の敎育現狀を見るときは甚だ遺憾に堪えない。

職業指導とは如何。即ちすべての兒童は將來何等かの職業に從事せねばならぬ。而もその職業がその兒童の身體精神に適合したものであることが肝要である。人は必ず職業に關して適材を適所に置かれねばならぬが、この適材適所なる事を教育上にも常に着眼して指導する所がなければならぬと共に、彼が一定の職業に從事した後に於て矢張その職業上のことに關して一般的又は新奇な知識を與ふる樣に之を指導し、又指導せられる樣になつてゐなければならぬと思ふ。この教育的指導並に社會的施設一切を稱して職業指導と云ふのであるが、從來教育の理想は概括的の言葉で善良なる公民健全なる國民を養成し或は完全なる人格を造り上ると云はれたが、無論それでも間違ひはないが、善良なる公民健全なる國民或は完全なる人格なる事は個人々々の實生活について之を考へてゐるので、一般的普遍的に完全なる人格とか善良なる公民健全なる國民といふだけでは不明瞭な點がある。之を一層具體的に云ひ現した言葉で精神に於て主旨に於て變る所なきもので、教育を實際化し社會化する意味に於て適確安當な言葉はこの職業指導であらうと思ふ。

夫故に先づ第一に學校教育の上に於て職業指導が適確にされねばならぬと同時に、兒童生徒が學校を卒業した曉に彼等が實際生活として職業に從事する際、又はその後も之を指導し保護する上に職業指導の施設が備つて來ねばならぬ。斯くの如き施設が社會敎育の重要なる仕事となつて來るわけである。

彼の兒童相談所、職業紹介所等の事業も一種の職業指導であつて我が社會敎育の部内に屬する。今外國に於ける職業指導の學校並に社會に於て如何に實施されてゐるかの大體を紹介しやうと思ふ。

一體職業指導といふことは最近十二三年以來のことで、英國では一九一〇年に到りて敎育法規中に雇傭選擇(Choice of employment)のことを規定したにはじまり、米國では一九〇九年ボストンの學務局によつて職業局("Vocation Bureau")を置くことを決議されるにはじまつた。然らば職業指導とは如何なることであるかといふに、之を機會又は機關により見ると次の三方面より考察することが出來る。

1. 職業撰擇に關する敎授
2. 學校に於ける職業選擇指導(之は同時に入學すべき學校の選擇に關する指導を含む)
3. 公私の職業相談

而してこの職業指導上第一に調査を要することは職業指導上の資格確定であ

る。之は身體的方面と心理的方面の兩方面の調査によつて決し、第二にその調査に基いてその者に對して凡ての職業の範圍を定め、第三に經濟的社會的又その個人の智能等を基にして具體的に之を確定するのである。

今やこの運動は世界各國に行はれ、英・獨・米・佛等凡ての國に於て、職業指導に關する諸種の施設が經營され、又その經營に携はる人々の指導講習といふ樣なことも盛んに行はれる樣になつた。日本でも最近この種講習を文部省主催で開催し、又東京大阪を初め各都市に於て職業紹介と同時にこの指導をもやり、又學校にても最近漸くこの方面に留意工夫する樣になりつゝあるが、外國のそれに比べると未だ甚だしき遜色がある。

今倫敦のことをあげると年々七萬人の卒業生を出す同市に於ては、この職業指導のために勞働局に職業紹介（Labor Exchange）の本部を置き、十八の少年部を支部として、市內各方面に設置し、その事務をとることになつてゐる。そして各學校生徒の二三ヶ月前から活動をはじめて實績をあげてゐる。

更に米・獨二國に於ける具體的職業指導の實際を比較して參考に供することに

する。

亞米利加合衆國

1　退學生卒業者のカードを作製する

2　職業に關する講義を開く

（主に敎室に於て）

3　學級受持敎師が授業時間内に、職業講演を行ふ

4　獨逸のと同じ

5　獨の4に同じ

7　獨の6に同じ

8　獨の7に同じ

目的

a　高等の學校の生徒の際には、入學繼續する樣に兩親を促す、或は一般生徒の場

獨　逸

1　職業撰擇の意義について講義をする兩親晩餐會を組織する

2　先生が敎室に於て、退學卒業する男女兒に就て家庭通知簿を配布する目的——兩親と、兒童の職業選擇に就て研究する。

3　國語の時間に、學級受持敎師が職業選擇の意義に就て、卒業男女兒童に、敎示する。

4　兒童が報告紙に記入する。

5　學級受持敎師が職業相談所の面談時間に訪問することを薦む

6　記入された報告紙を職業相談所に送る

7　職業選擇者が兩親と同道し或は、單獨で

合には、中等或は高等專門學校へ、(普通教育と卒業後)子供を送る樣に促す。

b　質問と自由の談話によつて、職業撰擇者の能力と性向を確める。

c　兒童の注目せる職業の最近の狀態に就ての報告をする。

9　中途退學者の

a　職業相談者の夜間面談時に訪問する

b　職業相談者が夜學校に行つて發展する樣激勵する。

職業相談所の面談時に訪問す。

目的

a　既に選ばれたる、職業に就て其の最近の狀態通報條件見込に關する報告。

b　其の決定の場合に付相談してやる。

8　敎師の任務

a　生徒は、父兄或は保護者を伴つて、敎師の處に行つて意見を聞く。

b　多數の敎師を訪問して、然る後に地位を採用さる。

c　徒弟契約を締結する。

北米合衆國の「カード」は本人の身分學歷體格心性調査の結果家族の關係志望等を記入して見易くせるものである。

七　民衆娛樂の改善指導

一、民衆娯樂改善、民衆娯樂の改善指導も、社會教育の重要な仕事であつて、國民一般の風習氣品を高め、生活をよりよくより正しきものとする事は、主として娯樂改善指導によることで、頗る重要なる問題である。

外國へ一度行つた人は、彼等國民が頗る樂天的の態度を持つて居る事を認めるので、卽ち彼等はその生活をより樂しきものにするといふ事に、すべての方面から努力して居る樣に見える。殊に彼等の娯樂方面の狀況を見て痛切に感ずるのである。

元來娯樂は主觀的のもので、甲の娯樂と乙のそれとは必ずしも一致せず、同一種類の娯樂に對しても、甲乙兩人はその內容を異にし、程度を異にする意味合ひを持つて居る。言はば娯樂そのものの性質は千變萬化なるも、大體に於てその國その民族の傾向があつて、而もその娯樂の內容實質及之に對する國民の態度によつて、その國民性及將來が忖度される。この點に於て、歐米人はその娯樂に對する態度より見て、樂天的といつたが、之に反し我國では民衆の娯樂に對する態度に於て、彼の國の樣に一般的ならず、又樂天的とも考へられぬ。況んやその實質に於て、之を改善する餘地は甚だ多い様である。

二、民衆娯樂の必要。　曩に娯樂は主觀的だと云ふたが、併し乍ら娯樂に對しては自らその國その民族によつて、共通の色彩を有して居る。　この點より見て大體から云へば、外國人は音樂の趣味を持つて居るが、それを基礎として彼等は凡ゆる方面に、愉快なる生活をなすべく、無味乾燥の生活をあやどる様に見える。　のみならず娯樂に對する態度によつて、彼等の國家的社會的生活の上に大なる意義を齎して居るのを見る。　これによつても一般識者が一層現代我國民の娯樂に對する態度及趣味の指導に、考を及ぼさねばならぬと思ふ。　即ち彼等外國人は、或る小數の人々が集つても、共通に歌ひ得る音樂を有する。　片田舍に行つても、又都會に於ても、多數人の集る處では、彼等が共同して樂しく歌ふ機會を有すること多いこの狀態を見て、我等日本人が本來主觀的の娯樂を、國民生活、社會生活に應用する事に於て、一歩の後れをとつて居る。

夏の夕、緑したゝる公園中に樂隊の演奏に耳を傾けて居る數萬の群衆が、そのプログラムのある者に於ては一齊に樂隊と歩調を合せて歌ふ有様を見たものは實に羨望に堪えぬ。

其他社會各種の會合の場所等に於ては、必ず會合する者一同に唱和して歌ふ樣は、自ら愉快な感を與へる許りでなく、之等多數のものに、共同の精神を養ふ上に少なからぬ動力あることゝ信ずる。然るに我國では各種の娯樂はあるが、民衆的國家的に發達して居るものは少ない。或る限られたるものが之を樂しむといふに過ぎぬ。未だ進歩發展の餘地あるは云ふ迄もない。これは一に音樂に對する趣味並に素養の缺けたる事が大原因であると思ふ。

三、我國に於ける民衆娯樂の狀況。現今我國に於ける民衆娯樂を區別して見ると

1　活動寫眞
2　演　劇
3　寄　席
4　觀　物

の四つとなる。之等のものは娯樂そのものゝ實質より區別したのではなく、行ふ

場所並様式等に從つて區分されたもので、正確なる區別は出來ない。その内容なるものは、更に他の區別によらねばならぬが、現時之等民衆の爲めに與行せらるゝ娯樂の中で、最も注意すべきは活動寫眞である。

1 活動寫眞。彼の米國の文明は、自働車と活動寫眞と云はるゝ程に、現代文明の最も具體化したものゝ一は活動寫眞であつて、最新文明の利器が娯樂の方面に應用されたとして差支ない。之が國民に及す利害兩面の影響は社會敎育上重要視すべきもので、すべて物には利害を伴ふ事は今更いふまでもないが、活動寫眞が娯樂として多數國民に及ぼしてゐる利益及弊害は、之を仔細に觀察研究してその利を奬め、弊害を阻止するは爲政家の注意すべき事である。この見地より我社會敎育に於ては、その利益をすゝめる上には、善良なるフイルムを低廉に供給すべき方法を講じ、又我國活動寫眞に特殊なるべきものたる、說明者の改善を計るとは當面の問題である。それ故に文部省では從來學校敎育の方面に於て、專ら敎育用として使用に適するフイルムを認定フイルムと稱して居る。それ以外に近く一般民衆の娯樂として勿論敎育的價値を考慮の外に置く譯ではないが、主として之が藝術的並娯樂的の見地より價値あるフイルムを社會に推薦する制度を定め、一定の委員に依つて検査されたるフイルムを、適當と認めたる場合は、特に推薦映畫と名づけ廣く世に推奬することゝした。認定フイルムと相俟つて改善の一助として當業者を鞭撻し、又世間の人をしてフイルム選定の上に據る處を知らしめんとして居る。又一面説明者の改善に就ても、文部省自ら講習會を開催し、又地方公私團體に奬めて之を行はしめ、説明者自らを促すに努力して居る。其他一般國民をして活動寫眞の利害兩面を知悉せしめ、その利益の大なる事と弊害の恐るべき事を示して、教育者は勿論家庭に於ても、之に對する注意を促す爲に、本省は自ら之に關する展覽會を開催し、地方公私團體の之を開催するものに便宜を與へて居る次第である。

今後も益々之が改善に關する機運を促進する爲めに、十分努力する考へである。

2 演劇。次には今日に於ては民衆的といふ事が次第に遠ざかつて來た演劇に就ても、相當の考慮をなさねばならぬ。それは演劇そのものゝ改善を促すと共に、之を健全なる民衆的娯樂に引き戻す事が目下の急務であつて、多額の費用を投じなければ見られぬ演劇は、民衆的ではない、而もその演劇の内容が價値なきものであれば、更に娯樂の本質を誤るもので、之が內容の改善に力を注がねばならない。この二方面の改善は、現代我國演劇の改善に最も必要なる點である。而して演劇に關する內容改善の問題は、相當の學識と經驗とを要するが之は主として、國家若しくは其他の民間の有力なる團體の力に俟つべき性質のものであると信ずる。從つて近き將來に於て文部省に於ては、この點に相當の努力をする考へである。他のよき演劇を低廉に見させる事は、娯樂の社會的施設で、之をやり方によつては、小なる地方公私團體に於ても施設し得る事で、旣に之を實行して居る處もあり、希はくば一層この施設普及を希望する。

3　寄席。　次に寄席であるが、この寄席の內容は種々あるがこの方面に於ても講談・浪速節・義太夫・落語・色物等の如く民衆の娯樂として行はるゝものが少くない。而もその內容の改善を要するものは多々ある樣である。　之を目的として造られたる團體も出來て居るが、之等に就ても相當獎勵の方法を考究すべきである。

4　觀物。　觀物に至つては甚だ雜多なる內容を持ち、大なる弊害を及ぼすものが少くない。之が改善よりも、取締といふ事が必要と考へられる。

四、音樂の趣味。然しこの點も最初に述べたる一般國民の趣味に對する態度と素養とが改善出來れば、自ら改るもので、吾人は此點に於て我國民の音樂に對する素養を與へる事に、一層力を持たるゝ樣にしたい。勿論音樂には西洋日本の區別があり、その間自ら一樣に論ずる事が出來ない事もあるが、余の見る處によれば、今少し多數國民が共同に歌ひ得るものが必要であると考へるから元より邦樂の保存發達を期する事は必要であると思ふ。西洋音樂に對する趣味を更に進めて、我國邦樂との調和を保つ點に於て一段の進歩を見ることを希望せざるを得ない。現在學校敎育に於ては主として學校敎育に立脚したるもので敎へてゐるが、未だ充分に徹底して居ない。のみならず近來は世間一段には進歩してゐるが、寧ろ學校に於ては餘りに熱心である樣にも見えない。殊に中等學校に於てはこの敎育が必要であるが、顧みられて居らぬのは痛嘆すべき事である。即ち學校敎育に於ては、趣味に對する敎育を加味して、ある選ばれたる小數のものが之を樂しむといふのでなく、多くの者が容易に味ふ事が出來る樣に、指導する事が甚だ緊要である。

五、民衆娯樂改善指導の急務。たゞに音樂のみ娯樂ではない。それ以外の娯樂に於ても、地方の指導者は團體の指導の上に於て常に之を監視して、團體なり目的なりを達成する上に大なる働きを爲すのみならず、又國民の趣味涵養の上に、大なる役前を爲す事に思を及して、之が指導に當らねばならぬと信ずる。

要するに娯樂問題は、社會敎化の上にそれ自體に於て大なる意義を有するのみならず、吾人の生活を豊富ならしめ、より樂しきものとするに必要なるは、最早議論の餘地なき實際問題である。斯くの如き見地より、娯樂に對する改善を企圖するは、又以て我社會敎育の一大任務たることを斷言する次第である。

八　民衆體育

一　體育の必要。社會敎育の施設中に於て、民衆の體育並衛生の改善發達を奬勵し指導する事も亦一つの重要な事柄である。

我國民の體格體質並に體力が歐米先進の諸國のそれに比して劣つてゐる事は今更之を論ずる迄もない事で、卽ちその體格に於て身長が先進諸國民の身長に比して低い事は何人も知る處であつて、東洋に於ける重なる黄色人種中に於ても亦最もその下位にある事も何人も知る所である。勿論支那人に比しても身長が劣つてゐる日本の紳士が、外國に行つてボーイ呼ばはりさるゝも珍らしくない。勿論之は身體が小なる事のみならずその容貌等にも關係する事であるが、主として體格の大さに於て外國の少年位に匹敵する位である事が主なる原因である。從つて體重にも大なる缺陷があり、體力に於ても大なる相違ある事は今更論ずる迄もない。加ふるにトラホーム、花柳病、肺並に胸膜の疾患の如き民族の體格並に體質の上にも低下を來すべき恐るべき疾患が、恰も我國民病とまで云はるゝ狀態にある事を思ふときは、我國民族の將來に鑑みて國民の體育衞生の進步改善を企圖する事は重大なる意義を有するものである。今日では學校教育に於ても、智育よりも德育よりも生活の根底を爲す體育方面に格段の力を用ゐねばならぬ事は何人も氣づいてゐる事で、之が一般民衆に對する教育卽ち我國社會教育に於ても、民衆の智識の向上思想の善導趣味の涵養等と相俟つて、甚だ重要の地位にある事は何人も之を承認するであらう。而して我國民の體格體質並に體力の現狀の由りて來る所を考ふれば、その日常生活に於ける衣食住等の生活樣式は勿論國民一般のこの方面に對する智識に乏しき事、之が實施に必要なる施設の不完全なる事も亦與りて力ある譯で、從つて我國民の體育の改善に就ては、今後學校に於ては勿論、學校外に於ても各種の指導奬勵に對する施設を必要とするので、今は社會敎育の立場よりその施設の二三に就て述べて見たいと思ふ。

二、國民體育改善の施設。體育といふ事は既に述べた如く我々の日常生活の樣式に關係する事甚だ重大なる故、その方面よりも各種の助長的の改良を要するが、今は暫くこの點に論及せずに先づこの方面の急務として奬勵すべき事に就て述ぶれば、第一體育問題は子供の中より之に對する趣味を養ひ、彼等にその習慣を植えつける事が肝要である。從つて學校に於ても出來るだけの施設を爲す外に、一般民衆の子供に對しては特に運動をなすに必要なる場所を與へる事である。之が卽ち外國に於てプレイグラウンドの發達してゐる事が我國に於ても參考とすべきで、外國の都市に於ては子供の爲めに特に公衆運動場を造つて、彼等をしてなるべく此處に於て各種の遊戲を行はしめ、而も之に必要なる指導者を設置して兒童の遊戲の際適切なる指導と監督とを與へ居るのである。勿論プレイグラウ

の爲に、尙暫らく西伯利に駐兵せしむる事となつた。之れと同時に自衞上露國の武裝解除を强制斷行し、且つ彼我の間に軍事議定書を制定して治安を維持する事になつたので、一時險惡であつた日露兩軍の形勢は大に緩和した。

斯くてその後ウエルフネウージンスクに一個の獨立共和國建設せられ、極東三州を包括して太平洋と勞農露國との間の緩衝國たらしむべき事を宣言し、之に對して浦潮臨時政府も亦三州を統一して東部西伯利緩衝地帶の設置を宣言するに至つた。すると我が大井司令官も之に對し、「極東三州にして一自治行政地域を形成し、輿望に副ふべき政治を實施せらるゝ事は露國人民と共に之を歡迎するのみならず、三州人民の苦痛を輕減せんが爲に速に兩國の經濟的關係を恢復せんことを希望す」との旨を聲明した。

次で一九二〇年六月二日浦潮臨時政府はウルフネ政府を最高主權と仰ぐ事を承認し、且該政府の極東共和國建設計畫に贊成する旨を宣言した。

話頭一轉莫斯科の過激派政府は財政經濟政策の失敗をば聯合諸國の露國に對する經濟的封鎖の爲であると稱し、內に在つてはその共產主義に多少の政變を加

は へ、農民に對しては土地私有財產權を認め、勞働者に對しては賃銀均一制を廢止して能力技倆に據る報酬主義に代へ、以て破壞されたる產業を復興し、生產を豐富ならしめて、國民の窮乏を救はんことを圖かると同時に、又外に對しては聯合諸國の經濟的封鎖に酬ゆる報復手段として全世界に大規模の過激思想宣傳運動を開始し、各國政府及その國の社會組織を根底より破壞せんと謀かつた。而して此の運動は先づ亞細亞方面に次で歐米各國に及び、餘程以前より勞農政府と氣脈を通じて居た各國の過激主義者は、莫斯科政府の使命を帶びて、瑞典、芬蘭、波蘭、丁抹、瑞西、佛、伊、等の歐洲諸國、土耳其、支那、波斯その他の亞細亞諸國及び英米兩國に於てすら も盛んにその活動を試みた。

斯くて勞農政府は先づ第一着に中央亞細亞の回敎徒を過激化するに力を注そぎ、土耳其の援助に依つて新に生れたる韃靼共和國に向かつて大宣傳運動を起した。茲に於て土耳斯坦の如きは最初過激派の兇暴に對し反抗の氣勢を揚げ又他の地方に於ても反過激派に投ずる回敎徒が多數あつたが、漸次過激派の宣傳に壓倒せられて日と共に過激化するものの多きを加はへた。次で又レーニンは英國が波斯との間に條約を締結したるを聞きて、その部下をして波斯に過激派宣傳運動を開始せしめた。而かして尙進んで宣傳の魔手を支那に迄も延ばさんとした。

英國に取つては中央亞細亞の過激化が印度に對する脅威を深甚ならしめたので同國政府は此の方面に於ける過激派の宣傳運動防止に熱注して已まなかつたが、尙英本國に於てもその宣傳運動の活躍を見るに至つた。現に勞働黨の機關新聞デイリー・ヘラルドが過激派政府より六萬磅の補助金を受けんとして端なくも發覺し、朝野の大問題となつたやうな次第であつた。

更に又米國に於ても過激派政府の訓令に基いて赤化運動が一九一九年の後半から着手せられたが、中途にして事發覺し、その數百名の宣傳者や攪亂者は米國の官憲に依つて或は捕縛され或は放逐の運命に遭つたけれども、赤化運動は容易に妨止されさうにも見へなかつた。

第六講　墺匈二重帝國の解體

凡そ世に戰敗國ほど憫然なものは無いが、實に今次の大戰に於て敗を取つた墺匈國の如きものも又と多くあるまい。蓋神聖羅馬帝國以來久しく中歐に君臨し光彩ある歷史を有するハプスブルグ王家はその戰敗と共に一朝にして沒落し、その帝國は遂に四分五裂して了まつた。而かも解體後の墺太利共和國は面積約八萬七千方吉米、人口約六百五十萬卽ちその面積に於て舊時の二割九分その人口に於て二割四分に過ぎない、略ぼ葡萄牙と同じ大きさ（我が九州の二倍大）の微々たる小國となつた。又匈牙利は舊面積の六割三分舊人口の五割七分を失ない、今は面積約十萬四千方吉米人口七百七十萬に過ぎない第三流國と成り下がつたのである。そこで今此の二重帝國が崩壞するに至つた顚末をざつと述べやうと思ふ。

今やハプスブルグ家最後の皇帝と稱せらるゝフランツ・ヨセフ一世が八十六歲の高齡を以て崩去したのは開戰後の第三年卽ち一九一六年十一月廿一日の事であつて、その後を繼いだカール一世は當年廿九歲であつたが、新帝は從來の內政方針を一變して出來得る限り國內のチエック族やその他の異民族の反感を緩和せんと欲し、チエック出身のマルチニック伯を首相に擧げ、又久しく閉鎖して居た議會を翌一九一七年五月に開き、その開院式に臨みて各方面の內政改革を誓約し、特に立憲的精神に基づける統治と墺國將來の自由なる國民的發展に就て力説した。然るに墺國議會は例に依りてチェック族や波蘭族や南スラヴ族等の政權擴張運動の爲めに忽にして一大紛擾を惹起し、その結果マルチニック內閣の總辭職と爲り六月廿四日を以てサイドラー代つて新內閣を組織した。

一方匈牙利に在りては之より先きチッサ伯に代つて首相となつたエステルハッヂ伯は兎角微温的であつた爲め、汎マヂャール主義のチッサ伯一派を始めその他の黨派よりも激烈なる攻擊を受け、遂に八月中旬に至つて辭表を呈しヴェケルレ新に首相に任ぜられた。

斯の如く內閣の動搖頻繁であつたのは大戰四年に亘り勝利の見込なく、加之物資の缺乏と財政の困難とに陷ひりたる爲めであつたが、特に物價の暴騰は一般民衆特に勞働者の生活を困難ならしめたので、一九一八年一月以來各地方に於ける大規模の同盟罷業續發し、一月十七、十八の兩日の如き盛かんに維納に於て社會黨の示威運動行はれた。依つて當局はその要求を容れ、無併合無賠償の講和速結と選擧法の改正、婦人選擧權賦與等を約し、一時靜穩に歸した。すると又二月中旬に至りポーラに於て墺國艦隊に水兵の叛亂勃發し、獨逸族と他の種族との間に激烈なる衝突を惹起し到る處不穩の形勢を示したので、政府は百方その慰撫に努め、諸種の要求を容るゝ事を約した。

然るに五六月の交に至り食糧の缺乏は殆んどその極度に達し、一般國民の動搖を來たし、就中チエック族の如きは益々反抗の氣勢を昂かめたので、政府は已むを得ず遂にボヘミアに自治制を布きチエック族と獨逸族との分離行政を承認した。されど彼等は之を以て滿足するの色なく、その純然たる獨立を要求するに至つた。斯くして七月十六日以來開會の墺國議會に於て形勢を左右する約八十名の波蘭議員はサイドラー首相の國內異種族に對する失政を痛たく攻撃し、チエック及ユーゴー・スラブ族出身の議員と相提携して、サイドラー內閣の更迭を見ざれば豫算案に贊成せずとの旨を決議した。此の結果同月二十二日を以てサイドラー內閣倒れスラヴ系なるフサレック男代つて新內閣を組織した。

本來墺匈國內各種の民族獨立運動は、一には英佛米等が陰に陽に之を聲援し、以て戰局に利する所あらしめんとしたからであつたが、八月に至り獨逸の大攻勢計畫の遂に失敗に歸したので墺匈國政府をして民族制御を殆んど不可能ならしめ、分離瓦解は到底免かれ難きに至つた。茲に於て墺匈國政府は遂に米國大統領に向つて聯合諸國と休戰條約を締結し、直ちに講和に對する交渉を開始せんことを提議したるもウイルソンは容易に之に應じなかつた。

此の間墺匈國の各地に分離獨立の革命運動益々その勢を加へたので、カール皇帝は十月二十七日ブタペスト附近の宮殿より急ぎ維納に歸還し、ラマンシユ博士に所謂「清算内閣」の組織を命じ講和を速致し、新たに樹立せんとする各異民族の政府に對して協定を遂げしめやうとした。

すると十月二十六日匈牙利の首府ブタペストに於て重大なる革命運動起り、獨立黨に屬するカロリイ伯一派は同伯を匈國首相に任命せんことを强請し、次で三十日武裝せる兵士等は匈國民議會と提携し、共和政治を要求した。實に前匈國保守黨首領チスツア伯が三名の兵士の爲めに暗殺せられたのは此の時であつたが遂に政府は革命黨の手に歸し、十一月十六日を以て正式に匈國の共和制を宣し「カロリイ」伯を以てその首長とした。

一方墺都維納の民衆も亦十月三十日に至り遂に革命的大示威運動を起し、頗ぶる危險の狀態を示した。茲に於て聯邦組織に依りて兎に角墺匈國領域を結合し以てその國家の保全を期せんとしたるラマンシュ內閣最後の努力も遂に水泡に歸し、辭職の已むなきに至つた。依つて獨逸系墺地利の國民議會之に代りて政權を掌握したが事態斯くの如くなるに至つては墺帝カール一世も最早その位に止まるを得ず、十一月十一日墺都を退去し、越へて十二日左の如き退位の詔勅を發した。

朕卽位以來治下の各人民をして朕自ら毫も責任を有せざりし戰爭の慘害より脫せしめんが爲め終始努力を傾倒し、又直に立憲政治を復活し、且各民族の國民的眞乎の獨立を確保するの途を開けり、朕は今依然として各民族に對し滿腔の同情を懷抱すると同時に朕が身をして是等の自由發展の障碍たらしむるを欲せず、獨逸系墺地利人民は旣にその代表者を以て政府を組織せり。朕は茲に國務に參與するの權を擧げて之を拋棄し、同時に朕の墺地利政府を廢止することゝせり。

冀くは獨逸系墺地利人民は幸に平和と調和との間に國本維新の成就を確保せ

んことを、朕は常に最も熱心に治下各人民の慶福を念とせり。 戰爭の創痍は偏へに國家の平和に依りてのみ之を醫するを得べきなり。

右詔勅と同時に前記墺都の國民議會は十一ヶ條より成る政體法草案を公表し、獨逸系墺地利の民主共和制たる事を聲明し、翌十三日墺帝はカロリイ伯宛親翰を以て墺國に關する退位と同一の趣旨に基づき匈牙利國政に對する參與權をも放棄する旨を宣言した。

斯くて神聖羅馬帝國以來墺國に君臨せるハプスブルグ王室も遂に沒落の悲運に逢着し所謂「半壞の朽屋」は土崩瓦解するに至つた。

斯くて一九一九年三月廿二日獨逸系墺地利國民議會は新獨逸共和國との合併問題と共に宰相一名及國務大臣若干名より成る責任政府員を議會に於て選擧すべき事を可決し、次で十六日社會民主黨及び基督敎社會黨を以て主要分子とせる政府員卽ち宰相レンネル、副宰相ヱンデル代相クライン等の選擧を見たのであつたが、宰相レンネルは同日施政方針に就て演說し、外交に關しては從來の方針を繼續し、獨逸との合併並に分離成立せる隣邦との永久的親交を期すとの旨を述べ、又內政に關しては內閣兩黨派の決議を基礎とし、紊亂せる財政を整理するが爲め外債を募集するの必要等を演說した。

一方匈牙利に於ては同年三月二十一日に至り又もや政變起り、大統領カロリイ伯以下閣員全部辭職し、政權は社會黨及共產黨の掌裡に歸し、勞農政府カロリイ內閣に代はり勞兵會長アレキサンドル・ガルバイ新政府の首腦となり、過激派の領袖たるベラ・クーンは外相にヨセフ・ボカニーは陸相に就任した。而して新政府は不可能ならしめんが爲めに、匈羅兩國間に幅四十哩、延長百四十哩の區域を中立地帶と定むる旨を記述したものであつて、事實上匈牙利をばサイス、イザモス、マロスの三河流の內地に閉ぢ籠め、又四邊より侵入しつゝある異民族に對する抵抗を不可能ならしむるものであつた。然るに當時匈牙利はスロヴアキア方面にはチエック・スラヴアック方面には羅馬尼軍侵入し、バナートの西南境よりは塞爾維軍が突進しつゝあると云ふ危急存亡の際であつたので、絕望の極カロリイ伯は政權を拋棄したのである。

此の政變に依り事實上匈國の全政權を左右するに至りたる共產主義派の首領

ベラ・クーンは隣敵の包圍攻擊に遭ふたので、極力國民の愛國心を喚起した。すると過激派は勿論凡ゆる階級の純匈牙利人卽ちマヂャール人は奮然として彼れが旗下に馳せ、忽にして十五萬の護國軍を編成するを得、遂に五六月の交に至りて羅馬尼軍やチェック・スロヴァック軍を驅逐した。そこでベラ・クーンの意氣頗ぶる軒昂を極め、露國のレニン政府同様過激派の地歩を確立し得たものゝ如くに自認したのであるが、聯合國たるもの何條之を默視することが出來やう。巴里に於ける聯合國最高會議は七月二十四日宣言書を發し、ベラ・クーン政府が休戰條約を蹴躪して聯合國側の友邦を侵略せるを責め、同政府に代りて强固なる中央政府の樹立せられぬ限り匈國に對し斷然食糧不供給を實行した。當時匈國は食糧の缺乏に頗ぶる窮しつゝあつた折柄とて、十五萬の護國兵中眞の過激派約五萬を除き他は續々脱退し、羅馬尼軍は又此の虛に乘じてタイス河を渡り急激に突進し來つた。之が爲め八月一日夜ベラ・クーンは遂に出奔し、バイドルを首相とせる社會民主黨新に政府を樹立し巴里會議に宛て電報を以てベラ・クーン政府の顚覆を通告すると同時に軍事の前進停止を哀求した。

新閣員の大部分は首相バイドルを始めとし前カロリー内閣時代の閣員より成るも、その實質に至りては殆んど勞農政府と選む所なく、前勞農政府の首相ガルバイは文相として留任した。事實閣員任免は一にブタペスト中央勞働會の決議に係つたものであつた。卽ち新政府は勞働者の代表者たる純社會主義者に依つて組織せられたのである。

すると此の間早くも八月三日羅軍の前衛はブタペスト郊外に到着し、翌日三萬の羅軍は同市に侵入し、各種公共建物、官衙銀行、兵營等を占領した。依つて巴里最高會議は有力なる委員を特派して事件を調査し、羅軍に對して種々交涉せしむる所があつたが、羅軍は容易に自己の主張を枉げやうとしなかつた。玆に於て匈國政府は無援孤立の狀態に陷いつたが尙政權を維持せんとして閣議を開催した。するると突然復辟計畫實行委員の襲ふ所と爲り、何等抵抗を試みることなく机上一回の交涉を以て政權を交付した。

斯くて復辟運動實行委員は直ちにヨセフ太公の住地アレスートに赴きて匈國の最高權を授けた。すると之を受諾したる太公は卽日ブタペストに乘り込み聯合各國委員を歷訪して此の危機より匈國を救濟せんが爲めに蹶起せる旨を告げ、聯合各國委員は夫々賛意を表した。而かして同日夕刻新首相ステフアン・フリードリツヒはヨセフ太公政權を掌握せる旨を報告した。太公は當年四十七歲であつて前墺帝の從々弟に當り巴威(バヴリア)の王女を妃とし、匈牙利に生れ、匈語を善くし匈國政界に一大勢力を有し又匈國民の信望も殊に厚かつた。而して大戰にも參加し、元帥の位を有して居た。閣議の結果太公は匈國知事に任命し、國民議會の開催迄その職に止まる事となつた。

斯くて八月十五日ステフアン・フリードリツヒを首相としマルチス・ラヴアスジスを外相とする新內閣の成立を見るに至つた。然るにハプスブルグ系たる太公の出現は大に四隣の物議を惹起し、特に墺國に於ける急進派は勿論、基督敎社會黨に至る迄も極力之に反對し、一大示威運動を全國に亘つて行ふたので、巴里最高會議は「ヨセフ太公の政府は眞に國民を代表するものと認むるを得ず、又ハプスブルグ系の太公が政府の首長たる事は隣邦諸國をして不安の念を懷かしむるを以て之れ講和に關する交涉を開始するを得ず」と聲明し、八月二十日在ブタペスト聯合國派遣委員は首相フリードリッヒに向かひ、三日以內に各政黨の代表者を以て後繼政府を組織すべきことを要求した。然るに匈國民の多數殊に基督敎派はフリードリッヒを擁護し、之が爲めには武器を執るも敢へて辭せざるの氣勢を示した。玆に於て首相は自ら陣頭に立ちて政府を率ゆるに決し、八月廿七日協商側の要求を參酌し社會各階級の代表者を網羅し新に政府を組織した。

斯くて新政府は努めて王政復古的誤解を避けんが爲め、國民議會の選擧に無干涉を明示すると同時に、一方共產派の求刑を斷行した。而して首相フリードリッヒは覺書を巴里に送り、同會議の矛盾せる內治干涉と無意義なる要求とを忌憚なく攻擊したので、巴里會議の憤怒を買ひ、匈國政府の承認要求は遂に握潰ぶす所となり、羅軍の監視も亦益々嚴重を極はむるに至つた。依つて首相は已むなく文相を維納に派遣し、聯合國委員及在維納匈國社會民主黨領袖との間に交涉して善後策を講じたるにその結果社會民主黨の入閣を條件として首相フリードリッヒ退き、商相ハインリッヒその後を襲ふ事に妥協點を見出した。然るに之を聞きたる匈國の基督敎派が猛然として反對運動を開始したる爲めに、ハインリッヒ內閣の成立も茲に再び頓挫を來たした。而してフリードリッヒは九月二日聯合國が匈國の內政改革を實行するか、否からざれば選擧の結果を待つあるのみと揚言すると同時に聯合國の承認すると否とに關せず政務を續行するに決し越へて九月十二日內閣一部の更迭を行ひ、爾後社會民主黨並に前外相ラバスジスの組織せる國民獨立黨の反對に抵抗し、益々基督敎派の團結を鞏固にすると同時に內政の改革に邁進せる結果國內一般の秩序も漸く恢復した。依つて十一月十四日羅軍も亦聯合國側の要求に應じて遂に匈都より撤退した。

然るにフリードリッヒ內閣は成立以來三ヶ月を經過せるも、巴里最高會議の承認を得ざる爲めに講和商議に移ることも不可能であつた。すると十一月十七日に至り聯合國は最後通牒を送り、「若し匈國各政派の完全なる聯立內閣にして成立するに非れば、聯合國委員は一週間內に匈國との交涉を斷絕し、巴里を引揚ぐべく又聯合國は絕對にハプスブルグ系の再興を欲せず、且政府は自ら國民の八十乃至九十パーセントを代表すと揚言するも、殘餘の國民を代表する聯立內閣の新に成立するに非る限り、之と交涉不可能なり」との旨を傳へた。是に於てフリードリツヒ政府は倉皇各政黨の領袖を召集して聯合會議を開きて善後策に就て討究する所あつたが、異論百出容易に決せず、議論五日の後遂に社會黨及共和黨の主張する國民一般投票の延期及國民議會權限の制限を否決し、新選擧監督の爲め各政黨の聯合委員會を設置することに妥協成立し、十二月廿一日夜に至り表面上各派聯合の舊文相フザールを首相とする新政府成立を見るに至つた。されど新政府は事實に於て舊フリードリッヒ內閣の變裝したるものに外ならないのであつて、而かもフリードリッヒの勢力牢乎として到底拔くべからざるを察知したる巴里最高會議は遂に之と講和商議を開始するの已むなきに至つた。斯くて一九二〇年一月七日アルベルト・アッポニーを首長とする匈國講和使節一行を巴里郊外ヌイイーに引見して之に講和條件を手交した。その後使節は匈國議會の同意を求むる爲めに歸國し、爾來講和交涉は何等著るしき進捗を見なかつたが、遂に七月四日ヴエルサイユに於て條約の調印を完了した。

本講義は尚引續き新興諸國並に大戰後の歐洲列强に就て述ぶる積であつたが、遺憾ながら紙面に限りがあるので、今回は先づ此邊にて擱筆することゝする。

大戰後の世界現勢終

全力を盡さなければならぬ事になるのである。何となれば官吏としてのこの地位は比較的安全であるのに反して、內職の地位は多くは不安定であり、殊に多くの競爭者がある、それ故に官吏としては怠惰者でも、內職者としては勤勉家であることが多い。それ故に勞働時間短縮よりも、寧ろ現今の急務は賃金の增額である。官吏のみならず勞働者と雖も薄給なるものは、その八時間勞働に從事した後四時間なり、三時間なりの內職に從事するとすれば、その個人に對する眞の勞働時間は尙十二時間、又は十一時間となる譯である。それ故に賃金增額の伴はざる勞働時間の短縮よりも、却つて勞働者はその勞働時間を延長しても、賃金の增額を希望してゐる有樣である。玆に賃金の標準を如何にして定め、これに則つてこの問題を解決すべきかといふことになる。

この勞働時間と賃金の問題は、又マルクスの使用價値と交換價値との理論から論ぜられ、六時間の勞働にて充分勞働者が生活することの出來得る物資を生產し得るものであると主張する所から、一日生活するに如何程の費用を要するかといふことが問題となり、この標準から立論されねばならぬことになつた。

即ち最低賃金の標準は最低生活費から定つて來るのである。今その二三の例を擧げれば、米國マサチユセツ州は女工一週間の最低賃金を一五・二五弗とし、十八歳以上で見習又は弟子であるものは、一週間一二弗以上、他の如何なる者でも一週十弗以上と規定した。その基礎資料ともなつたのは次の表である。

費用	雇人の要求	一般の要求
(1) 間代及食費	九・五〇弗	九・五〇弗
(2) 衣服料	三・二五弗	三・二五弗
(3) 洗濯料	・四五弗	・四五弗
(4) 醫料及藥代	・四五弗	・四〇弗
(5) 敎會費	・二〇弗	・一〇弗
(6) 休暇費	・四五弗	・四〇弗
(7) 娯樂費	・四五弗	・三七弗
(8) 敎育費	・一八弗	・一八弗
(9) 貯金	・五〇弗	・三〇弗

(10) 電車賃	・二〇弗	・二〇弗
(11) 臨時費	・一〇弗	・一〇弗
計	一五・七三弗	一五・二五弗

又一九一九年のルイジアナ工業調査によれば、商店、工場、旅館、料理店に於いて働いてゐる一萬八百七十七人の婦人の中、三分の二は一週六・九五弗よりも少額の賃金を受け、僅に六百三十七人のみが一週一七弗以上を受け、二千九百三十人が七・五〇弗より一七弗を四百四十六人が六・五六弗より六・九五弗を、二千八百四十一人が六・五〇弗以下の賃金を得てゐるといふ所から、ルイジアナ勞働委員は最低賃金を一週間につき九・一〇弗と規定したのである。

英國では農業勞働者の賃金を、その最低生活費と、その時期とを考へて、一週四六志より五二志と定め、夏は特に五〇志、冬は四八志とし、所定時間以外の普通週間では、一時間につき一志二片より一志三・五志とし、日曜日は一時間につき、一志五片より一志六・五片と規定したのである。然しながらこの最低賃銀には少くとも二つの點について考へねばならぬ。第一は斯くして定められた最低勞働賃金が、果して人間らしき生活をなし、人間らしき教養を得るに十分であるかは隨分疑しき者である。第二にこの標準は單に最低限度を定めるものであつて、最高限度を定めるものではないけれども、この最低限度を定めるといふことは、當然然らざる場合に比して賃金を均等に傾かしめ、勢い通常ならば高き賃金を得べき者が犧牲となり、實際に於ける生活費は一日は一日より騰貴して行くに拘らず、資本家はこの一度規定せられた最低賃金に拘泥して否利用して、却つて他面に於ける勞働者の不利を釀すことなきかを疑ふのである。卽ち勞働者の多くが最低賃金に甘じて、生產剩餘の利益は依然として資本家に搾取せられはしないか、換言すれば以前は勞働者の生活をも脅威して搾取したが、最低賃金の規定が作られてからは、人間としての最下級の生活は保障してやるが、それ以上の餘裕は與へないで、殘餘は資本家で搾取することになるに相違ない、さうすると搾取は等しく搾取であつて決して社會正義の認容し能ふ所ではない。

それ故にこの考は更に一進せねばならぬ、卽ち勞働者に最低賃金を與ふるならば、資本家にも亦最低限度の分配をしなければならぬ、そうすると必ず其處に幾分かの剩餘が出て來る、この剩餘は從來資本家が專占して了つたものであるが、これは當然その一部分をこの利益の生產に從事した勞働者に分配すべきである。玆にこの剩餘利益を如何に分配すべきかの問題が出て來るのである。

この方法として提唱されたものは、(1)ボーナス又はプレミアム制度、(2)利益分配制度、(3)共同組合制度、或は(4)產業組合運動等である。

ボーナス制度には、個人的ボーナス制度と包括的ボーナス制度とがある。個人的ボーナス制度は多くの工作量が普通勞働者によつて完成せられ得るに要する時間として、看做される一定の標準時間が決定され、且つ勞働者は何れの場合に於ても、或る標準の支拂を受け、其上に尙ほ、勞働者は、此標準時間が勞働者に依つて減せられ得る程度に從つてボーナスを受けるのである。例へば或一定の賃請仕事に要する標準時間が五時間とし、標準賃銀が一時間に一〇片とし、且つ其の仕事が四時間で完成せられたとすれば、その勞働者は一〇片の割合で四時間の支拂を受け、かつ其の節約した一時間の爲めにボーナスを受けるのである。これにはホールセー氏式、ローウアン氏式又はアール・ランキン氏式等がある。

このボーナス制が如何に産業上に有利であつて殆んど三倍の收入を獲得することが出來るかといふことは、次の表によつて見ることが出來る。

一時間に爲したる工作量 舊制	一時間に爲したる工作量 ボーナス制	工作量に對する勞働費の減少率
六〇	一三二	一九%
五三	一六八	一五%
六四	一二九	二七%
四五	一二〇	四〇%
六二	一〇八	二八%
一〇	九〇	五九%
一三	二六	二二%
六	一四	三二%
六	三六	六六%

包括的ボーナス制に屬する面白い例は、ハルに於ける機關製造者の商會のブリーストマン兄弟會社の有する工場に於けるものである。

同會社では事務員をも含めて、その工場を全體とし取扱つてゐるので、其の根本の考は普通の日給仕事で、勞働者が仕上げて了つた機械の一定量とその型とを製作することが出來ると言ふにあるので、これを以て標準生産高としてゐる、そしてこの標準生産高には事情によつて時々變化があるが、然し從業勞働者數、勞働時間及び使用する道具が大體に於いて同一であるならば、標準生産高は依然として固定される。先づ四週間目の終りにその日の生産高を工場委員の證明を受けて、その生産高を噸單位で計算し、若しその生産高が二割五分だけ標準生産高を超過する時には、

各勞働者は普通の賃銀の外に二割五分丈其貸方に記入される、若し又或る月が標準生産以下に下ることがあれば、その下つただけ其の翌月に於てそのボーナスから支拂はねばならぬことゝなつてゐる。此方法は非常に大なる效を現して、生産高は四割乃至五割の增加を來し、工場内の風紀を刷新し、且つ傭主及被傭者間に

友誼と信頼とを厚くするに役立つのである。

次に利益分配制度は一八四二年に、初めてレクレールといふ巴里の建築請負師の試みた制度であつて、一種の相互共濟協會をも含むものであつた、卽ち資本に對しては五分丈けの利子を支拂ひ、後は支配人に一割五分を支拂ひ、殘額の八割五分の內五割は其の年內に獲得した賃銀に比例して勞働者の間に分配せられ、三割五分は相互共濟協會に納められるのである。其の結果として一九一一―一二年間には、勞働者及其他の被傭者には約一一、二五〇磅を、相互共濟協會には七、八五〇磅、支配人は三、三八〇磅の分配に預つたのである。この場合には然し被傭人は依然として被傭人であり、勞働者であるが、この勞働者、被傭人をば資本家となし株主と等しくせんとするものが共同組合制度である。この制度は勞働共同組合協會の主張したもので、(1)資本に對する或程度の配當を支拂つて、後に殘つた利益の一部分を賃銀に對する配當として支拂ふこと。(2)此賃銀に對する配當は、之を會社の資本中に繰込んで、勞働者をして株主とすること。(3)斯くの如き株主に對しても他の株主と等しき特權を附與すべきこと。等を綱領としてゐる。この制度によ

を演ぜざるを得ない。 さればとて自由に放任すれば激甚なる競爭となつて弱者は常に强者に壓迫せられて貧富の懸隔は甚しく其極階級の反目嫉視となり社會的不安を釀成するに至るのであるから、此自由を統制し、しかも不平等を甚しからしめざるやうにするには、各個人を統制して其の生命、財産、自由を保障すべき任務を有し、從つて其の任務を遂行すべきために權力を與へられたる國家が、其の又當然の任務として此社會的不安を除却し、全體として各個人の安定を計るの政策を執らねばならぬ。 これ近時社會行政なるものが國家の主要なる施設として認められ、社會政策なるものゝ盛んに注意せらるゝに至つた所以である。 されば此社會政策なるものは單に一部特定の人を恩惠的に救濟するといふ昔時の慈善政策や、民心を得んがために行ふた賑恤政策とは事異り、社會全體のために富の偏重を防ぎて財力の普遍性を發揮し、社會の成員たる各個人の生活の安定を得せしむるの政策で、或は法規を設け、或は税率を定め、貧富の懸隔を緩和し、成るべく各個人の富の獲得に對し機會の均等を與へんとするにある。 此社會政策は國家其他公共團體が强制の權力を以て行ふので、主として社會的强者の暴横を抑止する方面に其の功を奏するが、其の弱者の誘掖向上を計る方面には、主として社會事業の領分に屬する。社會事業は其の弱者をして精神的にも物質的にも漸次に其の地位を向上せしめ、結局は社會に一人の弱者なきに至らしめんとする理想を有するので國家其他公共團體の施設ばかりでなく、民間篤志の事業も亦此中に含ましむることが出來るので、今日に現れたる社會的不安を除くの道は、實に此政策と事業との兩方面に着眼するの外はないのである。併し政策の方面は政治に屬することが多いのであるから佛教家は此點に關して爲政者の反省を促す程度に止るが、事業の方面は自ら手を下して之れが企劃に努力すべきである。殊に斯く一應の標準により斯く政策と事業とを分類したりといへども、其の實際に於ては相互關聯して廣い意味の社會政策の中には社會事業を含むと共に、又廣い意味の社會事業の中には社會政策も含むので、共に社會的疾患を醫治し全社會をして健康ならしむるの方法である。

三 社會的疾患

然らば社會的疾患とは如何なるものかといふに、最も廣い意味でいへば吾等の共同生活を危害する犯罪者である。犯罪者は社會共同の目的を以て定めたる法律を否定するの行爲によつて出るのであるが、かゝる非社會的の行動に出でしむる原因は何にあるかといへば、矢張一般人の行動を規定する如く、其の人の遺傳と境遇とに基くといふの外はない。此遺傳の方面を犯罪の先天的要素といひ、刑事人類學等の調ぶる所によれば罪人には或る一定の先天的性格があつて一般に智的能力は、普通人より其の程度遙かに低く、從つて道義的感情も普通人に及ばざること遠く、特に犯罪に對する理解は最も淺薄にして之れを邪惡の行爲なりと認むるもの少く、其の悔悟を表示するものも實は罪惡の自覺にあらずして或る他の目的、例へば之れによつて優遇を得んとか、假出獄の特點に與からんとするものが多いといふ。此の如き性格は何によつて得來つたかといへば多く父祖の梅毒、酒精、等低能兒を出すべき體質又は精神病の遺傳に基くが、其の然らざるものも、犯罪者の大部分は多く困難なる生活者にして母胎の中にあつても充分なる營養を得ることが出來なかつたに由るとする。これら遺傳の外に最も力あるは境遇で、これを犯罪の後天的要素といふ。其の境遇の主要なるものは家庭で、窃盜五犯以上の者に就て其の兩親の有無を調査すると其の半數は兩親共になきもの、(百分率五〇、三)片親なきものは約四分の一(同二六、四)其の詳かならざるもの一割弱(同七、七)兩親あるものに至つては一割强(同一六、六)に過ぎないし、殺人罪に就て配偶者の有無を調べると有配偶者三九に對し六一、窃盜は有配偶者三三に對して無配偶者六七、强盜に於ても約同一の數を見る。若し其れ家の財產に就て見んか、窃盜强盜の十中の九は貧困者(統計の數は年々異るが大體の數は略ぼ同じ)であり、敎育程度に就ては先年(明治四十二年)巣鴨監獄に於て窃盜五犯以上の者千人に就き調べたる所によれば全く文字を知らざる者四一四、稍〻讀書し得るもの四八三、尋常小學卒業の者一〇〇、中學卒業の者三といふ狀態であつた。これらの狀況によつて考察すれば、社會的疾患の最も大なる犯罪者の先天的要素たる遺傳は父祖の無自覺なる不品行不衞生に基くので、此點に於て社會は優種學の示す所を參酌して社會人の將來の身心を健全にするの方途を畫し、特に風紀衞生に注意して私娼の撲滅、公娼取締(若くば廢止)公衆衞生思想の普及、進んでは節酒禁酒等の運動をも盡せなければならぬ。蓋し病毒は其字のまゝに社會的疾患にして空間的には多くの人々に傳染すると共に、時間的には累を子孫に及ぼすのみならず、狹義に於ては主として之れのみを指す社會的疾患たる貧困を招くの原因ともなるもので、此の衛生に關する運動も亦佛教徒の輕視すべからざるものである。若し其れ後天的要素に至つては其の主要なるものは貧困と無教育とである。其の兩親なきものゝ多きは、やがて無教育に放任せられたるものゝ多きを見るべく、配偶者なきものゝ多きは家庭を造るの資力に乏しき貧困者の多きを示して居るので、貧困と無教育とは此犯罪の主要原因に算すべきである。而して教育は國家が强制的に義務づけて國民教育の普及を計れるに拘はらず、尚は此無教育の者を生ずるは、主として貧窮に累せらるゝのである。此に於て所謂「貧は諸道の妨げ」で、貧困は實に社會的疾患の最も根本的なるものとなり來るのである。

第二節　貧困と諸問題

一　貧困と地方問題

疾患を治せんとするには其の病因を知らねばならぬ。今大體上より社會の疾患を診斷して貧困を以て其の根本なるものとした。然らば其の貧困の原因は何ぞ。これは本人自身に關するものと本人以外に關するものとある。本人以外に關するものを更に自然的と社會的とに分つ、自然的にも亦永久的と一時的とある。永久的といふのは其の土地自體が不毛にして耕作に適せず、且つ天産物少くして生産を計られざる上交通も亦不便にして商業の發展も計られずといふ地方の住民は勢ひ他の地方に對しては生活の程度低からざるを得ない。かゝる地方に對しては其の地方に適する生産物を考慮し、又は交通の便を開いて繁榮の策を立つるとか、特殊の方法を講ずるの外はないので、地方開發の事業は主として此一般的永久的なる貧因を除却して住民の福利増進を計るので、不毛の地に甘諸の栽培を奬勵したり、荒蕪の地に水利を計つたり、山間の地に汽車を通じたりする等、當該地方の先覺者が其の地方人の自覺を促して此自然に打ち克つの方途を講ずるの外はないが、此の如きは、こゝでいふ貧困と目すべきものではないので貧困の自然的原因と看做さるべきものは寧ろ一時的なる天災地妖にある。我が國は此天災地妖によつて累せらるゝこと特に多く風害又は水害によつて損害を受くること一年平均四千萬圓以上に達し、火災も平均三萬八千戸以上を燒き、一戸千圓の損害と見るも三千八百萬圓と算せらるゝ、加ふるに天に旱魃あり、年に豐凶あり、豐年には滿作を謳歌し得べきも、凶歲には飢餓に迫らざるを得ない。此貧困を除却するには公共團體の力を以て、河川を改修して洪水の害を防ぎ、堤防を築きて汎濫に備へ、或は山林の濫伐を止め、或は防風林を造る等の事業、若くは疏水を通じて水利を便にし、水利組合の組織を完全にし、又は備荒貯蓄の法を講ずる等豫め防ぐの策を樹つるの外はない。しかも尙ほ不測の災害の來つて困窮に陷るものあらんか、之れを賑恤救助するは社會人の任務であつて又特に佛敎家の活躍すべき所である。社會は全體として關聯し、國家は各地方を一部分として其の全體を保つ、一部分の災害は直に全體に影響するのであるから他の地方は一齊に之れが救恤に努力して彼等をして自己と對等の生活に復せしめなければならぬ。先きにもいふ如く國家は一つの身體の如きもの其の一部に傷を受けたる場合は他の部分は皆な其の失はれたる血を補缺せんとして赴く、此身體の組織はやがて一地方と他地力との關係と見るべきである。

二　貧困と社會問題

貧困の社會的原因と見るべきものにも亦永久的と一時的とある。永久的といへるは其の社會制度の財力の分配を不平等ならしめたる結果、富は一方に集注せられて、其の分配を偏頗にし、從つて多くの貧民を生ずるので、これは此制度を改革し、政策を立て直すにあらざれば其の貧因を除却することが出來ないので、之れに對しては先きにいふ如く社會政策の實施によつて其の貧富の懸隔を緩和し財力の分配を普遍ならしむるの外はないが、其の他に於ても、社會事業に於て貧者をして益々貧ならしむるの原因を除却することに努めねばならぬ。例へば現在の狀態に於ては富者は廉價の物を購ふて財力の放散を免れ、貧者却て高價なものを買つて其の財力を消費するの傾向が少なくない。醬油を一つ買ふにしても、一樽宛買ふと、五錢十錢の小額を以て少しづゝ買ふものと何方が廉價かといへば勢ひ一樽の方が割が廉くして小額の計り賣りの方が割が高い、それでは貧民が高價なものを買つて、富者が廉價なものを買ふといふ割りになる。これは商人の方からいへば無理もないことで少しづゝ賣るは面倒である上に其の金の入るのも少しづゝであるに對し、一度に金が纏つて、しかも面倒が少いのだから、勢ひ多く買ひ得る資力のものは廉價に買ふといふ傾向がある。これを緩和して賣るのは少しづゝにても其の代價は多く買ふものと同じやうにするには公共團體が纏めて買つて之れを少しづゝ分配するといふ方針を原則とする公設市場や、又は各個人の團結によつて之れを行ふ消費組合のやうなものを造つて此の不平等を除くの法を立てねばならぬ。又他の方面からいへば富者が金錢の融通を計るには低利で之れを供給する銀行等があるが、貧者には之れがないから高利貸や質屋の厄介にならねばならぬ。一方富者は年五分や六分、多くとも一割とは取られない利子で金を使つて居るのに、他方貧者は月一割甚しきは年十五割にも達する高利や、安くとも、月一圓に就て四錢位は取られ年五割に近い利子で質を置かねばならぬ。これ亦貧者に禍して富者に利するものである。此缺陷を補ふためには一地方若くは同業者の間に信用組合を造らしめて低利の融通を計らしむるといふことも必要であり、更に貧しきものに對しては公設質屋を設けて利を低くして彼等の便を計るといふことも必要である。これらは永久的――少くとも半永久的――の計畫によつて貧困を減少して行く方策であるが、一時的の貧困と目すべきものは主として經濟上の變動に基くので、或は機械の發明によつて優秀なる生産若くは分配方法の行はれて從來其の業に從事するものをして職を失はしむるとか、社會の事情が變化し來つて、これまで盛んなりし業の衰へ、必用なりしもの、無用に屬して之れに從事せしもの、職を奪ふ等によつて生活の途を失はしむるので、彼等は働くべき力を以て居る、しかも働くべき道がないのである。これに對しては職業紹介所を設け各業務者と連絡し各地方とも交渉して彼等に職を與へる方途を立てゝ働けば食へるといふ安定なる社會を現出せねばならぬ。世には働く道はあるが養兒をかゝえたるがために働くことも出來ず窮困に泣くものもある。これに對しては托兒所等を設けて彼等が働き得る時間内、其の兒の養護に任ずるの施設を講ずるといふやうにして此貧困の釀生を防止せねばならぬ。

貧困の社會的原因は之れのみにあらず、別に經濟上の變動によつて物價の暴騰を來すことがあり、其の爲めに生活の困難を招くことが少なくない。これが對策として爲政者の物價調節も必要であるが應急の方法としては賃銀の値上を計らしめなければならぬ。此場合には常に勞働者側から同盟罷工等によつて之れを要求する狀態であるが、かくては階級鬪爭を馴致して險惡なる思想を生ぜしむるの媒介となることが少くないのであるから、佛敎家は公平に第三者の立場にあつて一面に資本家を反省せしめて、賃銀の値上げを敢行せしめ、他面に於ては勞働者を反省せしめて不當の要求を出さしめざるやうに努力せねばならぬ。兩者相軋(きし)る場合は機械と機械との軋轢の如く摩擦して火を發せずんば止まない。之れを圓滑ならしむるがための油ともなるべきものは兩者の心と心とを結ばしむる宗敎の力に賴るの外はない。

三　貧因と敎化問題

貧困の原因は外から來る自然や社會の原因ばかりでなく、本人自身に原因するものも少なくない。其の主要なるものは怠惰であり、投機心であり、放逸である。

怠惰によつて其の業務を勤めず、自ら貧困を招き、若くは常に一攫千金を夢みて投機に心を勞し眞面目に働くの精神なきもの、或は放逸にして貯蓄の心なく、金あれば散じ盡くして自ら貧を招く如きは幾多の實例を見得る貧困の原因であり、これらの心理と關聯して多くの場合に現はるゝは飲酒の弊である。これに勤勉の德を敎へ、因果の理を明にして一時的の僥倖心を郤け、節約の美を示して貯蓄の心を起さしめ、飲酒の害を說いて節酒禁酒の行ふべきをいふは全く之れを精神的なる敎化運動に托するの外はない。勿論、これらの敎化運動は主として道德の範圍に屬するが故に、道德家に一任して可なるが如きも、道德の敎化は微温的にして徹底的ならず、單に其の行爲の禍害を自覺せしむるに止つて、衷心より改過遷善せしめて新生活に入らしむる力に乏しい。道德は川の流れであり、宗敎は其の源泉である、木の下に露を集めたる水も川となつて流るゝが、少しの旱魃に遇へば水涸れて流るゝことは出來ないが、其の源泉滾々として盡きざる湖水を有するの川は、如何なる旱魃にも涸るゝことはない。宗敎は其の源泉となつて根本より人の心を革新するの力を有するものである。此宗敎を以て彼等を自ら陷るの苦境より救ふは宗教家當然の務めである。

これら教化の運動は啻に自ら招くの貧因を除却せしむるのみならず、社會問題の解決を圓滿ならしむる上に於ても、地方改善の實を擧げしむる上に於ても、常に其の中心となつて其の精神を支配するものであらねばならぬ。一切の改造は人の改造を本とす。人の改造は心の改造を基礎とせねばならぬ。此心の秘奥に入つて禍害に滿ちたる舊生涯を脫却して新生涯に入らしむるものは宗教の力である。宗教は人に向ひ世に向ふの心を回らして神に向はしめ、佛に向はしむるのであり、其の神に向ひ佛に向ふの心を以て更に人に向ひ世に向ふの力たらしむるものである。古代の高僧これを以て人心を啓發し、これを以て民政を補佐し、これを以て社會を改善し來たのである。吾等はこれを現代の佛教家に望まざるを得ない。佛教をして單に出世間の事として此世間的活動に貢献せしめなかつたらば佛教は活社會に其の存在を保つを得ず、僧侶は終に死人取扱人として輕視せらるゝに至らむ。今や寺院は國內到る所にあり、佛教は山村水郭にも行はる。これをして地方教化の中心たらしめ、其の力によつて地方を改良し、其の力によつて社會を進歩せしむれば、佛敎の社會的存在は最も有意義に認められ、佛敎も亦其の眞價値を充分に發揮することが出來るのである。

自治民政と佛敎 終

科外講義

日本教育史上に及ぼせる佛教の勢力（五）

文學士　横山健堂

次には德川時代に就て申上げます。德川時代も相變らず教育の目標といふものは武士を造ることであります。この時代の教育に於て、その初め卽ち文藝復活と稱する時代に、最も貢献した者は佛者であることは申すまでもありません。殊に五山の僧は餘程力があつたものであります。茲に一つ私が附加へて申上げて置きたい事は、藤原惺窩先生のことであります、この人は少し私共殘念に思つて居りますことは、昔の本には非常に温順な、所謂沈香も焚かず何とかといふやうな人のように傳へて居りますけれども、私共はさうではない、餘程英才突發の人であると思ひます、この頃でも二十五年も三十年も勤續して居るといふような學校長、非常な優秀な教育家といはれるお方にお目にかゝると、非常におとなしい方ばかりでありますが、あゝいふような方ではなかつたと思ひます。文藝復活の本家たる惺窩先生は餘程有爲な人で、所謂嚢の底から錐が出るといふような人であつたと思ひます。この人の肖像が五山にあるのを見ると、『先哲像傳』に載つて居るものと違つて、頭は坊さんであるけれども、非常に英姿颯爽として居る肖像でありますあの英姿颯爽として居るのがあの人の人物を現はして居ると思ひます。それから林大學頭（德川十五代續いた林家）の家に惺窩先生の手紙が七卷遺つて居ります、林道春に與へられたものでありますが、それを見ると字でも中々英氣の迸つた字であつて、決してあの人は消極的の人ではなく、唯鋭鋒を包んで隱れた人であると思ひます。第一德川政府の召に應じなかつたといふ所に、あの人の浪人骨の强い所が思ひやられる。さうしてあの人は自分の代りに林道春を推薦した、是は實に適材適所である、道春といふ人は私共の考へる所では餘程適當な書記官長であつたらうと思ふので、惺窩先生のようなあゝいふ才の鋭い人ではなかつた、極く使ひ宜い人で、いろ〳〵の故實を澤山覺えて居つて、重寶な人だつたと思ひます。惺窩先生は色々な斷片的の仕事を覺えて字引の代りになる人ではない、道春は字引としては餘程上等の字引であつたに相違ないと思ひます。惺窩先生が道春に與へられた手紙(今申した林家に遺つて居るもの)を見ると、營々役々として俗務に奔走して居つては人物が少しも偉らくならない、少し閑日月を造つて修行せねばいかぬといふ事が書いてある、是でも餘程分ると思ひますが、その上に

人生足るを待つ何の時か足らん、足らずして閑を得る正に是れ閑。

と言つて居る。忙しい中に得た暇が卽ち本當の暇である、年寄が何もする事が無くして遊んで居るといふのは褒めた事ではない、それは人が用を賴まないから暇なんで、實際忙しい人の閑日月といふのが本當の暇である、忙しい間に煙草を吸ふといふような意味であると思ひます。煙草を吸ふより外に用の無い人が煙草を吸つて居るのは何でもない。であるから惺窩先生の手紙を見ると、餘程有爲な氣力の强い人であつたといふ事が是で分ると思ひます。是はやはり頭の圓い人でありますから、茲に申上げたのであります。

それから第二には禪學から儒學に移つて行つたことであります。禪と儒とい

ふものが德川時代の初めにはやはり最も有力なものでありましたが、この頃土佐に南學といふものが起りました、その南學の本は南村梅賢(是は大内氏から土佐へ行つたといふことになつて居ります)の學問が發達して土佐の南學となつたのであります、さうして後に山崎闇齋、野中兼山といふような人が出て居りますが、谷秦山といふ南學の人の書いて居る『儒學傳來記』といふものに依りますと、自分等も今まで禪學で仕上げて居つた所が世の評判に依ると儒學といふ非常に面白いものがある、幸に便を以て江戸から中庸といふ本を求めて送る、中々禪學よりも面白い、斯ういふことが書いてある。是が文藝復活の初めに佛書から儒書に移つて行く道筋になると思ひます。

併ながら一方禪といふことは、德川時代を通じての敎育の最も活きた方面を現はすのでありますが、之に就て一つ申上げたいのは山鹿素行であります、この人は德川時代の初めに出た人で敎育史上に特筆すべき人であると思ひます。是は餘程見識のあつた人で、朱子學を非常に攻撃して居る、その『聖敎要錄』といふのが林家から憎まれた本でありますが、それは何が書いてあるかといふと、周道の傳は宋に至つて遂に潛沒す。

宋に至つて孔子の周道の說は滅びたと言つて居る、この一言が林家から憎まれてあゝいふ事になつた。一體林家は德川の書記官長で非常な勢力があるのであります、德川時代に佛敎といふものから殆ど離れた獨立した儒學――と若し言ひ得ればそれは水戶學であらうと思ひますが、その水戶學の一番の權威であつた水戶黃門が「どうしてあゝいふように終ひに不遇に終られたかといへば、やはり林大學頭と喧嘩したからであつて、林家から憎まれては餘程當時不利であつたやうであります。それで水戶黃門は殆ど佛敎といふ事から離れて――近來の文部省の敎育のように、まるで佛敎と敎育と引離したような人として初めての人でありますけれども、併し黃門は餘程頭腦の良い、分つた人で、私はこの人は實に德川時代の英雄と思ふ。私の好きな人でありますが、この人は「儒を尊んで儒を廢し、佛を尊んで佛を廢す」と自分の墓碑に書いて居りますように、佛といふものを排斥して日本の固有の精神でやり、儒敎でやると言つた。さうして德川時代に於て初めて水戶の領分の寺を段々打壞した人として歷史上顯著な人でありますけれども、あの人が薨去したときには佛敎の坊樣が非常に之を追悼して悲しんだ、眞に哀しんだ詩を集めたものが三卷出來た位で、非常に黄門を哀悼して居る。斯の如く寺を打壞した人であるのに佛者からさう慕はれて居るといふのは、表面佛を廢して、佛と敎育とを引離したけれども、そこに非常な諒解があつて、能く意思が疏通して居つたといふ事が、この一事でも想像されようと思ふ。實際常陸の領分を歩いて見ると、磯で名所といふ磯餠子の本元に、慥か滿願寺といつたと思ひますが、本願寺の御連枝を招待して住職になつて貰つたといふ立派な寺があります、黄門は佛を廢するといひながら一方にさういふ事がある、又水戸の太田といふ所に、黄門の母の歸依した法華宗の寺があつて、それを母が法華宗であつたといふので大變立派にしてある。佛を排斥したといふけれども、實地に就て調べると斯ういふ風の所があつて、佛を廢するといつても諒解のあつた事であつたらうと想像されるのであります。

山鹿素行と林家との衝突の事からツイ話が横道へ入りましたが、山鹿素行の聖敎要錄には又斯ういふことが書いてある、

何ぞ常者あらんや、天地是れ師なり、事物是れ師なり。

書物ばかりを先生とする事は間違ひであると言つて居る。この素行の書いて居る事は全く禪的でありまして、後に兵法の上に於ても素行を祖述して居ると言はれた松下村塾の吉田松陰先生でも、この通りの敎育法を說いた、その本は王陽明から來て居ると思ひます。

次には儒者が元祿時代になつて頭髮を伸したことであります。その前は坊さんであつたのが、林鳳岡といふ人から普通に還俗をした、斯ういふ事から大分儒敎といふものゝ位地が高まつて來ました。それまでの大學頭は皆坊さんでありました。

次に講釋術の發達に就て申上げたいと思ひます。德川時代の講釋術といふ事に就ては、一番その本をなして居るものはやはり前にお話申したお談義でありました、そのお談義を儒者がやつて來たのであります、今日――近來までの講釋とは餘程違つて居つたように思はれます。その頃には講義の筆記といふことは餘り流行りませぬで、唯講義の筆記をして居つたのは山﨑闇齋の一派だけであつて、それは中々嚴重にして、難かしい取締をした人もあります、淺見絅齋の如きは、自分の弟子が自分が致場に入つて來る前に墨を磨つて用意をして居らなければ氣に入らない、自分が入つて來てから墨を磨ると非常に機嫌が惡かつたといふような難かしい人でありましたが、昔の講義筆記が遺つて居るのは山崎闇齋一派だけであります。人に依ると百冊位保存して居る舊家があります。その中で最も講釋の上手であつたのが佐藤直方といふ人、この人は少し俗物でありましたが、餘程講釋は上手であつた。上手といふのはどういふ工合かと思つて、佐藤直方の講義筆記の遺つて居るのを見ますと、全くお談義であります。それからズッと後になつて德川時代の講釋の非常に上手であつた人は、細井平洲といふ人、是は何千人――といふのは形容であらうと思ひますが、兎に角多くの人を集めて講釋をするのに、誰にも分るように話をしたといふ事であります。是はやはり私はお談義風であつたらうと思ふので、直方と能く似て居つたと思ひます。直方の講義筆記の中に斯ういふのがあります、

子を隨分よく育てゝも成長して惡ければそれは仕ようがない、堯も如才はあるまじけれども九人ともにたわけなり。

是は佛者のお談義に基いた講釋法でありますが、それを非常に非難した人は物徂徠である。物徂徠は、「開發なきものは講說にあらず」といつて、人を啓發しないものは講義ではない、それはお談義であると言つて居る、又彼は言ふのに或る人の如きは(卽ち山崎門の一派をいふのでありませう)甚だしいのになると先生が身振の所に行くと、此處で先生が手を上げて、此處で咳拂ひをして、此處で洒落を言ふたといふやうな事まで講義に書いてある、斯ういふのが何等敎育として役に立つかといつて、非常に非難して居ります。尤も徂徠といふ人は日本の敎育では一頭地を拔いた人であつて、漢書を讀むならば支那音で讀まなければならぬ、今はひつくり返つて讀むけれども、ひつくり返つて讀む以上は日本文であるから、漢文が書けないようになるといつて、やかましく言つた人で、自由敎育をやつて人を思ふ儘に育てたといふような人であります。徂徠の弟子には有名な人が多いが、一人々々が皆出色があつて、隨分徂徠は極端に人が道樂をしてもやかましい事を言はなかつたといふような風の寬大な自由な敎育をした人でありますから、斯ういふお談義は嫌ひであつたのでありませうが、併し一方にお談義があると一方に非難攻擊する者があつて、兩方相資けて日本の講義術といふものは餘程進んで來たものであらうと思ひます。

次に水戸學の事、是は旣に申上げました。

それから次に『心學道話』といふものがあります、是は神儒佛といふものが餘程無力になつたからといつて、石田梅巖が始めたのでありますが心學の一番の本旨は陽明學であります。陽明學といふものは言ふまでもなく禪のものでありますから心學道話は平民化した陽明學でありますそれから武士道化した陽明學といふのは所謂武藝にも現はれて居りますし、多くの敎育に現はれて居るのでありまます。心學道話の事は別にそれ以上申上げる必要はないと思ひます。

一般の敎育に現はれた所の一例を維新前で申しますと、維新の風雲に際會して最も日本に役に立つた人はどういふ人が多いかといふと、陽明流の人が割合に多い。併し今日陽明學を主張せられる人々は、誰でも彼でもこの陽明學に引き込まうといふ傾きがありますけれども、是は亦餘り好い癖ではないと思ふ。西鄕隆盛まで陽明學者の中に入れて居りますけれども、西鄕隆盛は禪をやつた、さうした陽明學は好きであつたといふことであります。それから高杉晋作の如きも非常に陽明を好んで、『陽明全集』を得て來た時には大變それを振廻して、陽明の詩の

不レ知日既過二亭午一。起向二高樓一撞二曉鐘一。

といふのを引いて、陽明は偉らい、午睡をして眼がさめて夕方まで曉鐘を撞いたのは偉らい、僕はまだ日が暮れても曉鐘が撞けないといつて、それ位い奮發して居つた。さういふように餘程陽明をやつた人が多い。遡つて見ると大鹽平八郎など澤山あります。中には佐藤一齋の如き非常に學問のある人があつて、當時の學問は松平樂翁の異學の禁が行はれて居つて(是は私共不賛成で、學問を一途に限ることになるのでありますが)朱子學でなければ東京の聖堂で敎授することが出來ない。そこで佐藤一齋は聖堂の敎師で、聖堂に出ると朱子學を講學する、自分の塾へ歸ると陽明學者で陽明學を講義する、陽明學は政府で採用しない學である、それを自分の塾では陽明學をやり、官立學校では朱子學をやるといふように、二重人格を敎育上に遺憾なく現はした人でありますが、併し兩方ともの大家であつた、佐藤一齋の『言志錄』などを見ると、餘程大家であるといふことが分ります。陽明學とい

ふものが斯の如く勢力があつた、その陽明が禪的であるといふことを考へますとやはり德川時代の敎育に於ける佛敎の勢力が想像されると思ひます。松下村塾の吉田松陰先生は、有名な山水泉石の間に人物を養成すると言つて居る、山鹿素行の「何ぞ常者あらんや、天地皆師なり」といふ言葉に基いて、山水泉石の間に人物を陶冶するのが自分は好きだといつて、松下村塾で米を搗きながら敎へて見たり、夏蜜柑の畑で草を取りながら敎へて見たり、自分の敎場に於ても、それより前の先生は先生々々といつて、先生の座といふものが定まつて居つて、見臺を前に置いて、裃は着る人も着ない人もありますけれども、鹿爪らしい顏をして居るのが先生であつた、所が松陰先生はさういふ事をしない、何處でも自分の座つた所が先生の座である、釋迦の樹下石上と同じで、自分の居る所が即ち先生の座だといふので、或る場合には先生が一番下の座に坐つて、弟子は皆先生の周圍に集まつて講釋をして居つたといふような風であります。さういふ風に德川時代の一般の風が、松下村塾で偶々代表されて居るのであります。

モウ一つの例を申すと、吉村駿(斐山)といふ陽明學者が廣島にあつた、一大家でありますが、この人が岩國城に招聘された、幕末の風雲急の時でありますが、岩國は有名な錦帶橋のある川を溯つて參るのでありますが、廣島から船に乘つて行つて上ると、出迎への人が居つて、宿屋へ案内しようとした、所が宿屋へ行かないで直ぐ城中へ行つていきなり先生の座へ殿樣を下に置いて坐つて、さうして四方に使して君命を辱めず是れ丈夫であるといふ、その一節を講義して、それが終ると直ぐ又今度は旅館に休息もしないで、サッサと船に乘つて歸つてしまつた、是等は活きた時代に斯ういふ活きたやり方をしたのが、如何に當時の人心を支配したかといふことが分る、それが本當の活教育であつたらうと思ひます。陽明派の人は皆さういふ風を帶びて、時代の要求に應じて日本を導くことが出來たのであります。それでありますから陽明と禪とは同じやうであつて、多くの德川時代の名士といふものは皆禪に參して居つて、西鄕隆盛も陽明學者に數へられて居る――是は元來學者でありませぬから、學者といふのはどうかと思ひますが、禪の結果陽明の感化は非常に受けた。併し大久保利通の評に依ると、西鄕が禪を學んだのは西鄕の爲めに惜しい事だ、彼はあの爲にあゝいふ人になつたのぢやないかと言つて居る。といふのは禪といふものは所謂浮世三分五厘で、天地などは眼中に無い、西郷隆盛も大臣にならうが何にならうが、人が彼の家に訪ねて行くと、十六七の少年が行つても、我が部屋に通すとちやんと出て來て、自分は隅の方にあの大きな膝を折つて、膝の上に兩手を突いて、「よう御座つた」と薩摩言葉で云ふ、大臣參議といふやうな人が來てもやはり「よう御座つた」同じ態度である。全くあの人は禪に依つて出來て居るので、大臣にならうが何にならうが一向そんな事に頓着しない、西郷は郡書記から二三遍で陸軍大臣になつた、あれ位履歴の簡單な人は無い、それが何になつても一向頓着しない、是は禪に依つて得た所である。併ながら大久保利通の評に依るとそれに依つて驕世の氣分を養つた、卽ち禪僧のような氣分になつた、モウ少し世の中の經營といふことを西郷が考へて吳れゝば宜かつたけれども、餘りに雲水的であつたと言つて居る。大久保といふ人は十幾つから役人になつて遭難されるまで一日も役人をやめた事はない、御一新の騷動でも內務卿といふ役人であつた、あれ位又徹頭徹尾徹底的の官僚といふ者も無い、西郷のやうに郡書記から殿樣の秘書役その次には薩摩の總參事、その次には陸軍大將といふような人とは全然違ふ。西郷は大部分浪人、大久保は子供の時から死ぬまで役人。であるからその人から言うとさうでありますけれども、この驕世の氣分を養つたといふ事が、維新といふ日本の開闢以來の大事件に當つて、身命を賭して眞劍的に働いた、所謂禪的に働いた、さういふ方の上に於ては餘程役に立つて居ると思ひます。尙は幕末に於ては禪的どころでなく、禪僧といふものゝ活動も餘程見るべきものが多いのであります。けれども、是は私共が詳しく申上げる必要はなからうと思ひます。

この陽明學に對して甚だグズ〳〵して居つたのは朱子學であります。私は朱子學といふものを決して排斥は致しませぬ、別に朱子學に怨も何もあるのではありませぬが、私共の解釋では、朱子學といふものは實に高踏超越といふような學問であつて、風雲の急なる時には一向役に立たなかつた所謂舟中大學を講ずといふやうなのが朱子學である。陽明は實に潑溂たるもので、そんな舟中大學などを講ずるより今日の時勢の急なる時には矢の一本も造るが宜いといふ論であつて、朱子學は實際德川時代の終には餘り活氣が無かつたと思ひます。これに對して大鹽平八郎は實に痛快な事をして居ります、彼の『洗心洞雜記』は陽明學に於ては大傑作でありますが、名山に自分の著述を遺すといつて富士の山の頂にそれを納め歸りに伊勢に寄つて大廟に參詣して、今日大廟へ朱子全集を納めた者は陽明學の大鹽平八郎であるといつて、朱子全集を伊勢の大廟の文庫に納めた、その時斯う書いて居る。「德川幕府は朱子學を採用して陽明學を異學として排斥した、併し大廟の文庫へ行つて見ると朱子文集は無くして陽明文集はある、さうして見ると神明必しも陽明を嫌ひ給はざることが分る」大變皮肉な事を言つて居る、その上に、「近來は惜い哉朱子學には一大家の出るを見ず(自分は陽明學の一大家の積りである)此に於て朱子文集を神明に納めて併せて朱子學に一大家の出ることを期待す」と書いて伊勢の大廟に納めてある、直筆が今日遺つて居ります。林大學頭は斯の如く精神的に陽明學から打擊を受けましたが、一方財政困難の時に林家に金を貸したのは大鹽平八郎であります、(是は秘密の歷史でありますが)さういふように陽明學者は活きた方に活動した。それは學者の死ぬときは本音を吐くものであり ますから、死ぬときを比べて見ると能く分る、朱子が死ぬ時に、弟子が何か遺言は無いかと聞いたら、「須く堅苦すべし」と言つた、是が朱子の最後の一言である、陽明が死ぬ時に弟子が聞いたら「この心公明なり、又何をか言はん」と言つた。是が兩方の學風の違ふ所と思ひます。併ながら元來朱子學といふものは二つに分れて居る日本に於て役に立たなかつた方は朱子學の一方である、所謂唯講釋をやる方の學問一方は朱子學の正統論といつて、所謂漢、魏、蜀の三國の中の漢を取つて正統とした、南北朝の中の南朝を正統とする方、それは『通鑑綱目』に現はれて居る。朱子の學問は綱目の學問と、朱子の文集の學問と兩方にあると思ひますが、日本に綱目を用ひたのは水戸の山崎闇齋の一派であつて、その他は皆一方の講釋する方を取つた、所謂程子の學問を取つて、陽明、禪からやられた。片つ方はネバ〳〵粘つて埒があかない、一方はスーッと刀が切れるやうに行く、斯ういふ所があつたと思ひます。

大變話が長くなりましたが、最後に佛教の社會的に及ぼした事に就て簡單にお話を申上げたいと思ひます。佛教の社會教育に及ぼして居る事は非常に澤山ありまして、是が即ち佛教の實際に於て非常に働いて居つた證據であります。第一にいろは歌にしてもさうだと思ひます、あれは佛教の宣傳でありまして、私はあれを見て弘法大師の佛教廣告と思ひますが、このいろは歌はそれから後にいろ〳〵

の人が出て、日本の神道のいろは歌もあり、儒敎で作つたのもありますけれども、弘法大師のいろは歌ほど能く出來たものは決して無い。それからあれに次いでは今度蓮如上人の白骨の文だらうと思ひます、是は實に佛敎の宣傳であつて、同時に是は日本の學問、社會敎育の上に非常な力を與へて居ると思ひます。白骨の文章は非常に良い文章で、私は能く汽車、汽船、人力の上などで暇な時には繰返して諳誦して居りますが、非常に簡單で覺え易く出來て居りますから、讀むのは何でもないことであります。

それから因果律といふことを社會的にやつた事は是は餘程大きな敎育であります。又慈悲、慈善の考、感化の考、或は地獄、極樂の事――是は德川時代になると鬼佛、或は地獄、極樂、兩方ありますが、社會敎育のあらゆる方面に利用されて居ります。それから後に德川時代には善玉惡玉といふ言葉が社會敎育に出て居りますが、善玉、惡玉といふのは善心と惡心を表はして居るものであります。或は遊戯の上に現はれましても、例へば雙六といふものは、佛法雙六から出て來て、禪學道中雙六といふものが初め出來ました。三苦といふやうな言葉が出て來て、佛敎の方から來たのであります。 尙ほ社會的に及ぼした方面といふものは餘程澤山あると思ひます、日本に於てお伽噺にはどういふものが多いかといふと、先づ幽靈の話、吝嗇の話、花婿といふ話、モウ一つは小僧といふ話、この四つが日本のお伽噺で古來大部分を占めて居る、その小僧の話が非常に多いといふ事も、是は餘程日本の教育史上に及ぼした佛教の勢力を考へる上に於て、面白い事ではないかと思ひます。

以上申上げたことは甚だ概括的で、唯日本の教育に及ぼした佛教の勢力に就ての大體の觀念でありますが、終りにこの教育史を前に申上げた五つの時期に分けて、その時期に於ての一つ二つの特色を繰返して纏めて申上げて見ますと、第一期から第二期に移つて日本で初めて教育といふものが出來出したその時には、佛教の勢力といふものは主に政治的に働いて居ると思ひます、藤原鎌足といふような人がそれを代表する人でありますが、佛教の勢力といふものが教育上に政治的に及んで來て居る。 その次の鎌倉時代にはどうかといふと、佛教が教育上に及ぼして來るのに主に教義的に、教義といふ方から來て居る。 それから德川時代の文藝復活の時にはどういふ風かといふと、主に學問的に來て居ります、勿論是は孰れも顯著な所を申すので、その他の方面にも無論來て居りますけれども、主に學問的に及ぼして來て居る。第四に幕末維新の際にはどうかといふと佛敎が敎育上に及ぼした勢力といふものは敎育的に來て居ると思ひます。

尙ほ附加へて申しますと、佛敎が德川時代の武士道といふものに對して餘程關係が多いのは、德川時代に武士道の一つの聖典とも稱すべきものに――一番初めは前に申した貞永式目が鎌倉時代に出來て居る、德川時代には色々ありますけれども、その一番有名なものと思ふのは、薩摩に『關ヶ原合戰秘訣』といふものがあります、是は薩摩の人が關ヶ原の合戰を說明したものでありますが實に武士道の聖典であると思ひます。何となれば島津義弘が關ヶ原の戰をした時に、私共の言葉で前退法といひますが負けて退くのに前へ退いた、他の石田方は伊吹山へ後退してあれから山を越えて江州から京都に出ようとした。所が島津義弘だけは前の方に向いて行くといふ、成程形は前へ行くけれども、實は退却して大阪に歸る積りである自分は山通し行くのは體が肥つて居つて不便だから、伊吹山を通るのは止めだ、前に行かうといつて、敵の本陣に突擊して行つた。近頃背進といふ言葉がありまして、退却といはずに背進といひますが、是は前退であつて前へ退却した。さうして美濃の關ヶ原から、尾張、伊勢、伊賀、大和、和泉といふようにズッと四角形の三邊を通つて、さうして尾張の方に進んだときには、千人ばかりの兵隊が二十何人になつてしまつた。けれども是は兎に角武士道の最も勇壯な所で、世界歷史あつて以來前退した人はこの人だけだらうと思ふ。西鄕隆盛が十年戰爭に愛の嶽の突破といつて有名なのがあります、何箇旅團とか何箇聯隊とかで取圍んで居る愛の嶽といふ所を、何百人かの兵を以て最後に突破して鹿兒島に歸つた、あれは關ヶ原の前退の二の舞をやつたのであります。西鄕の理想も無論それであつた、この大精神。それからモウ一つは佐賀で出來た『葉隱れ』といふものがある、是は私共も極力推奬したのでありますが、葉隱れ武士道といつて實に面白い、大隈さんはこの『葉隱れ』に依つて養はれた。この『葉隱れ』は實に面白い武士道の聖典でありまして、皆樣もお讀みになつたらうと思ひますが、お讀みにならぬ方にはこの二つの書物をお勸めしたいと思ひます。この『葉隱れ』は、武士は首が飛んでから一仕事するものと思へといふ事がある位で、萬事その調子でやつて居ります。首が飛んでから後にまだ一仕事すると思へといふのは、楠公が七度人間に生れて國賊を滅せんと言つた事と同じことで、斯ういふやうな大體の觀念といふものは佛敎から來て居ると思ひます。元來日本の神道に於ては、何代も生れ代つて事をするといふ考はない。この『葉隱れ集』の著者にしても、後に出家した人でありますが、武士であつて餘程佛法にも造詣のあつた人であります。斯ういふ有力な武士道にも大分影響して居りますから、武士道といふものを觀るときにもやはり佛敎の勢力といふものを餘程認めなければならぬと思ふのであります。

科外講義　日本教育史上に及ぼせる佛教の勢力（終）

教化資料

○カビの恐しい繁殖力

黴菌が繁殖するのは、一箇が分裂して二箇となり、二箇が四箇に四箇が八箇と云ふ工合に殖えて行くので、分裂してから二十分たつと、夫が更に分裂するので、一箇の黴菌が二十四時間の後には四十七萬七千兆と云ふ驚くべき數となる。之を長さにして見ると、其の一箇の長さは千分の二ミリメートルと云ふ極細微な物であるが一晝夜の後には繼合せて伸すと、三十三メートルになり、更に四十八時間の後には、五十六萬キロメートルとなり、地球の周圍を赤道に沿うて十四周する長さとなる。尚容積として見ると一箇の幅が千分の一ミリメートルで、長さが千分の二ミリメートルであるから、二十四時間の後には四十分の一立法ミリメートル四十八時間後には四十四萬立法センチメートルとなり、四日半の後には地球上の大洋全部を埋めるだけの容積となると云ふ事だ。

○紐育の都市衛生

何事でも世界一を持ち出さないと、氣の濟まない米國、殊に紐育市では都市衛生の方面の注意を忽にし、他の市民一般に對する娯樂遊戯の公共的設備にのみ巨額の出費をなして自慢してゐた。罰は覿面、千八百六十七年頃迄は毎年悪疫の爲に犠牲となる市民の數は、千人に對し三十六七人にも上り、殊に此年は赤痢患者の相次いで彼方此方にと倒れ死したのに、吃驚仰天した紐育市民は初めて前日の非を悟り、俄かに衛生博物館やら細菌研究所やら巡回病院制やら衛生講話會と、實に應接に遑ない程に何事にも衛生々々で騒ぎ廻り、多大の經費と多數の人物を配し、やうやく市民を覺醒させ、今日では非衛生的原因で死ぬ人數は毎年千人に對して十六人以下の好成績を示し、公衆衛生の設備は又もや世界第一と自惚れる程になつた。

○三千年昔のガラス

世界で初めてガラスを知つた人類は、支那人と埃及人である。埃及の遺物には三千年もの昔にガラスを見出し得る。

彼等は勿論ガラスを作らうとして、ガラスを作つたのではない、何時の時代にも人間に重寶がられる金を澤山に製造しようとした慾張連が、金を含んでゐる砂に曹達を混せて熱した時に、偶然にも其の灰の中からキラ〳〵眩しく輝く堅い物を發見して吃驚した。彼等は金を忘れて夢中になつたかうしてガラスは貴い財寶の一として、ギリシヤに移りローマ帝國に傳へられ、十三世紀頃のヴエニスは實にガラス工業で榮えたものであつた。彼等はガラスを裝飾品として珍重し、殊にヴエニスの鏡は世界の一名物と稱せられた。

併し、科學思想の進歩發達した十九世紀は、ガラス工業も亦立派な科學として研究され、色々な事柄が面倒臭い六ケしい名稱で出來て來た。ガラスと云ふと、世人は滑澤い透明な硬いもので、日本ではギヤマンと云つた。

其の頃のギヤマンは、チヨン髷の日本人に取つては、ダイヤモンドの如く尊いものであつた。ガラスで天井を張つた爲に、馬鹿に贅澤な眞似をすると云つてお咎を受けた位である。

○勤勉格言

一、人は蒔きたるものを刈る。

一、稼ぐに追付く貧乏なし。

一、人間には苦勞が藥、苦勞して育たぬ人には骨がない。

一、吾人若し精勤なれば飢餓に頻することなし、之は飢餓は勤勞者の家を窺ふことあるも內に入ることを敢てせず、又捕吏も警察官も其家に入ることなし、之は精勤者は負債を消却し失望は負債を增加すればなり。

一、身のほどをしりからげして稼ぎなば貧乏神のつくひまもなし。

一、身をつとめ精出す人は福の神のいのらずとても守りたまはん。

一、艱難は汝を玉にす。

一、爲せば成り爲さねば成らぬ成る業をならぬといふはわがなさぬなり。

一、働く者のその値を得るは宜なり。

一、立つてる百姓は坐わつてる紳士よりも脊が高い。(フランクリン)

一、働らき人の家には貧乏神が窺ひよつても這入れない。

一、天つ日の恵みつみおく無盡藏鍬で堀り出せ鎌でかりとれ。

一、苦しい折の辛抱は買つてせよ、苦は樂の種。

一、極樂はいづくの果と思ひしに家業精出す正直の門。

一、汝等働かざれば食ふ勿れ。

一、富求め得べくんば執鞭の士と雖も吾是れを欲せん(孔子)

一、嘗て冷やかなる衾の上に心配多き世を泣き明したる事なき者は音樂の微妙なる靈力を知ることを得ざるなり(ゲーテ)

一、精出せば凍る間もなし水車

一、使ふ鍬は光る

○支那人の特徴

支那人の所爲にして日本人と相違し、最も日本人に目立つものは、

一、初對面の人に對しては其收入の幾何なるやを問ふ。

一、格別親交ならざる人の衣服に手を觸れ其の品質及び價を問ふ。

一、他人の家に入る際何等の挨拶なく入るを常と

せり。

一、腰掛及椅子等に身を寄せたる場合に體を前後に動揺する癖あり。

一、食事をする場合箸の先端を持ち、終れば箸を卓上に縦に置くを常とす。

一、宴會の場合など箸を持つて他人に進めるを禮とせり。

一、袖の長き衣服を用ひたる習慣により官服及洋服等を着せる場合と雖も手腕を上方に擧ぐるを屢々す。

一、文字を書くに際し一畫毎に筆先を數回硯にてならす癖あり。

一、文字を書きたる紙片は燒き決して不淨の處に用ひざるを常とす。

一、肌を脱き上體を裸出するは意に止めざるも下部の露出は絶對に嫌ふ。

一、談話の場合顔面を突き出すが如し。

一、通常談話の際と雖も音聲比較的大なり。

一、足指先密接する事日本人の比に非ず。

一、對話の場合不明文字ある時は指に唾を濕し他人の机上等にも用捨なく字を書く。

一、他人の所持品に對し何物を問はず價格を問ふ

一、マッチを内側に引いて火を點ず。

一、尊敬すべき人の前を通行するを意とせず。

一、金錢受授に際しては投ぐるが如し。

一、帽子を冠り居るを以て禮とす。

一、概して口を閉づるもの僅少なり。

一、親戚朋友の所に至れば直に横臥するを以て交際厚きとす。

一、足を以て物を示すを格別無禮とせず。

などである。

雜　録

□前卷正誤　前第九卷中左の通り正誤す

經濟學説と實際問題

140頁　10行　貨物を購費する（誤）　貨物を購買する（正）

敎化講習錄概要

□科目並に講師□

歐洲近代文藝思潮	文學博士	金子馬治先生
大戰後の世界現勢	ドクトル、オフ、フイロソフイー	長瀬鳳輔先生
社會問題と思想問題	文學士	赤神良讓先生
社會敎育	文部省社會敎育課長	乘杉嘉壽先生
思想の變遷と流行語の研究	文學博士	藤岡勝二先生
兒童心理の應用	東洋大學敎授	高島平三郎先生
經濟學說と實際問題	慶應義塾敎授	淸水靜文先生
實用論理	東洋大學學長	境野黄洋先生
佛敎文化の特徵	文學博士	椎尾辨匡先生
我國の政治と佛敎	文學博士	村上專精先生
現代思想と佛敎	ドクトル、オフ、フイロソフイー	渡邊海旭先生
思想の表現と聽衆の心理		加藤咄堂先生
社會事業概說	内務事務官	齋藤　樹先生
自治民政と佛敎		加藤咄堂先生
我國の文化と神道	帝室博物館祭祀神祇部主任	津田敬武先生
佛敎各宗の安心		各宗諸大家

其他隨時科外講義として最近科學の進歩并に敎化に適切なる講演を掲げ且つ毎卷敎化資料を添ゆ

□會員特典

特典　會費三ケ月分以上前納者に對しては質問券を挾附し、講義科目に就き隨時質問の便を得せしむ

□期間並に紙數

毎月一回（一日發行）、紙數二百頁内外、各科講義に長短ありと雖、全部十二冊を以て完結す

□本講習錄の五大特色

一、專門知識を通俗化し平易なる說述を以て民衆敎化に好資料を提供するは本講習錄の特色なり。
一、敎化傳道に從事する宗敎家諸君に斷えず新なる敎材話材を供給するは本講習錄の特色なり。
一、社會を敎化し民衆を指導する人々に常に思潮の推移を知らしむるは本講習錄の特色なり。
一、各方面に於ける現代大家の執筆を請ひ讀者をして親しく其敎を受くるの感あらしむるは本講習錄の特色なり。
一、質疑應答の欄を置き讀者をして其難解の個所に對して隨意に質問せしむるも亦本講習錄の特色なり。

本講習錄購讀上の注意

△會費御送附の節は「新規」若くは「繼續」と御記入ありたし

△會員住所氏名は間違を生じ易きが故に最も明瞭に記載されたし

會費	
一ケ月分	金壹圓
三ケ月分	金貳圓九十錢
六ケ月分	金五圓五拾錢
一ケ年分	金拾圓五拾錢

△會費は前金のこと、送金は振替にて新修養社へ御拂込を乞ふ、集金郵便を差出す時は手數料金拾錢を加ふ

△中途加入者にも第一卷より送付す

大正十二年二月廿八日印刷
大正十二年三月一日發行

編輯兼發行人　東京府豊多摩郡代々幡村代々木百八番地　加藤熊一郎
印刷人　東京市神田區三崎町三丁目一番地　百目木智璉
印刷所　東京市神田區三崎町三丁目一番地　株式會社共榮舍
發行所　東京市神田區三崎町三丁目一番地　新修養社
電話九段一四三三番
振替東京八二六四番

この部分は、原本の状態により収録できませんでした。
（不二出版）